KNAUR

Petra Bock

MINDFUCK – DAS COACHING

Wie Sie mentale Selbstsabotage überwinden

KNAUR

Besuchen Sie uns im Internet:
www.knaur.de

FSC
www.fsc.org
MIX
Papier aus verantwortungsvollen Quellen
FSC® C006701

Ein Unternehmen der Droemerschen Verlagsanstalt
Th. Knaur Nachf. GmbH & Co. KG, München.

Redaktion: Annerose Sieck
Umschlaggestaltung: ZERO Werbeagentur, München
Umschlagabbildung: FinePic®, München
Alle Illustrationen: Christoph J Kellner/studio animanova
Satz: Adobe InDesign im Verlag
Druck und Bindung: CPI – Ebner & Spiegel, Ulm
Printed in Germany
ISBN 978-3-426-65529-0

5 4 3 2 1

Meiner Mutter

Inhaltsverzeichnis

Vorwort

Als *MINDFUCK. Warum wir uns selbst sabotieren und was wir dagegen tun können* (im Folgenden *MINDFUCK I* genannt) erschien, ahnte ich nicht, welche Wellen das Buch schlagen würde. Es hat nicht nur mein eigenes Leben und das meiner Klienten verändert, sondern ganz offensichtlich Tausende von Menschen zu fundamentalen Verbesserungen, manchmal sogar zu einem neuen Leben inspiriert. Nach begeisterten Buchbesprechungen, Preisen und Auszeichnungen erreichen mich noch heute nahezu täglich E-Mails von Menschen, die mir glücklich und manchmal sogar fassungslos berichten, was sich in ihrem Leben verändert hat, seit sie ihre MINDFUCKs erkennen und hinter sich lassen. Die Bandbreite der Zuschriften und Diskussionen ist so weit wie das Leben selbst. Ich habe Post von 14-jährigen Schülerinnen bekommen und von Geschäftsmännern aus Shanghai. Alleinerziehende Mütter haben mir ebenso geschrieben wie Seniorinnen und Senioren, die bedauerten, dass sie das Buch nicht schon viel früher in ihrem Leben lesen konnten. Sehr viele Menschen haben sich durch *MINDFUCK I* Lebensträume erfüllt. Sie haben sich getraut, andere anzusprechen, Wünsche zu äußern, Entscheidungen zu treffen und sich wieder zu öffnen – für dieses eine wunderbare Leben, dem sie sich oft jahrzehntelang verschlossen hatten.

Es ist eine große Ehre und eine Freude für mich, all das zu hören, zu erleben und zu lesen. Und gleichzeitig ist mir völlig klar, dass es zum Geringsten mein Verdienst ist. Es ist das Verdienst jedes Einzelnen, der sich entschieden hat, Verantwortung für sein Leben zu übernehmen. Denn jeder von uns, der sich entschließt, sich von alten, längst überholten Mustern, inneren Blockaden und falschen Autoritäten zu lösen, beweist der Welt, dass es möglich ist, ein Leben in Würde, Freiheit und ungeahnter Wirksamkeit zu gestalten und zu genießen. Jeder Einzelne öffnet die Tür zu seinem vollen menschlichen Potenzial. Und er zeigt sich und seiner Umwelt Möglichkeiten, von denen unsere Vorfahren nicht einmal zu träumen gewagt hätten.

Die vielen Zuschriften und Fragen, die mich auf das erste MINDFUCK-Buch hin erreichten, haben mich ermuntert, ein echtes Coaching-Buch zu entwickeln, das Ihnen, liebe Leserinnen und Leser, noch viel praktischer und persönlicher zur Seite steht und Ihnen hilft, Blockaden endgültig zu überwinden. Möglicherweise ärgern Sie sich über bestimmte Situationen, in denen Sie sich immer wieder selbst im Weg stehen. Oder aber Sie haben den Eindruck, dass noch mehr für Sie möglich ist, als Sie bisher verwirklicht haben. Dass es vielleicht sogar um eine neue Dimension von Freiheit, Wirksamkeit und Glück in Ihrem Leben geht.

Um ehrlich zu sein, geht es mir ganz besonders um diesen Aspekt. Es geht mir um ein Leben in einer neuen Dimension. Aber was heißt das, dieses Leben in einer neuen Dimension? Es geht nicht um ein paar Tipps, gut gemeinte Ratschläge und ein wenig Kosmetik innerhalb eines längst überholten maroden Systems. Nein, MINDFUCK ist ein Ansatz für diejenigen, die sich wirklich innerlich befreien möchten und die ihr Leben von Grund auf verbessern möchten. Das verlangt Mut. Mut, sich selbst in einer Tiefe kennenzulernen, die nicht immer nur schmeichelhaft ist. Mut, sich den zahlreichen inneren Dämonen zu stellen, die uns den Weg zu einem erfüllten Leben und echtem Erfolg viel eher versperren als äußere Widerstände und Hindernisse. Mut, die Schuld nicht mehr in der Vergangenheit oder bei anderen zu suchen, sondern den Mut, das Konzept Schuld insgesamt aufzugeben und stattdessen offen zu werden für neue Erfahrungen. So wie wir im äußeren Leben viele Stunden in einer virtuellen Welt verbringen, so spielen sich die meisten Kämpfe unseres Lebens virtuell in der Parallelwelt unserer eigenen selbstsabotierenden Gedanken ab. Und die echten Kämpfe, die wir auszustehen haben, lassen sich, wenn wir die innere Selbstsabotage ein für alle Mal beenden, mit einer viel größeren Wirksamkeit führen. Jedem von uns ist es von Natur aus möglich, sich selbst für ein wirklich gutes Leben zu öffnen und sein wahres Potenzial zu entfalten.

Wer *MINDFUCK I* kennt, weiß, dass ich unter einem »wirklich guten Leben« kein rosarotes Märchen verstehe, in dem immer alles perfekt gelingt. Ich arbeite als Coach jeden Tag mit echten Menschen, mit echten Problemen, großen Träumen und oftmals noch größeren Herausforderungen. Ich weiß, natürlich auch aus meinem eigenen Leben, dass es Situationen gibt, in denen man mit seinem Latein am Ende ist. Dann gelingt es selbst den größten Optimisten nicht mehr, in allem einen Sinn zu sehen. Ein echtes Leben ist eben kein Märchen. Es ist viel besser. Intensiver, aufregender, lebendiger. Unter einem wirklich guten Leben verstehe ich ein erwachsenes, erfülltes, selbstwirksames Leben. Ein Leben, das Sinn hat, Liebe gibt, Erfolge bringt und vor allem eine außerordentliche Lebensqualität. Dieses gute Leben kennt auch Stürme. Aber es findet in uns einen Kapitän, der auch dann auf seiner Brücke bleibt, wenn es ernst wird. Der auch dann, so gut er oder sie kann, offen bleibt für das Leben. Alle Erfahrungen, seien sie gut oder schlecht, gehören zu den Jahren, die wir hier auf diesem Planeten verbringen. Und wir haben das große Glück, in einer Zeit und unter Umständen zu leben, die keine Generation vor uns kannte. Wir dürfen unsere Erfahrungen selbst machen, unser Leben selbst gestalten, unser Glück selbst suchen. Niemand hindert uns mehr daran. Aber es gibt auch niemanden mehr, der uns einen einzig gültigen Weg weisen könnte.

Ein Buch, das Sie dabei unterstützen soll, Ihr heutiges Potenzial zu nutzen, kann also nur ein Buch sein, das Ihnen dabei hilft, Ihre eigene Stärke und Selbstwirksamkeit zu entdecken und immer weiter auszubauen. Ich hoffe, Ihnen auch mit diesem Buch eine ehrliche Unterstützung dabei zu sein.

Ich wünsche Ihnen viel Freude auf Ihrem Weg in ein freies glückliches Leben ohne Selbstsabotage.

Petra Bock
Berlin und Meran, im April 2013

Was Sie wissen müssen, bevor wir starten

Dieses Coaching zu MINDFUCK funktioniert auch dann, wenn Sie *MINDFUCK. Warum wir uns selbst sabotieren und was wir dagegen tun können* nicht gelesen haben. Sie werden die Theorie in einer kompakten Übersicht kennenlernen, soweit es für unsere Arbeit nötig ist.* Leider sprechen wir uns nicht persönlich. Dennoch dürfen Sie erwarten, ein wirklich sinnvolles Selbst-Coaching, das ich aus meinem Erfahrungsschatz mit mehreren tausend Menschen im Einzelgespräch entwickelt habe, unter meiner virtuellen Anleitung zu bekommen. Falls Ihnen der Platz in diesem Buch zum Ausfüllen der Übungen nicht ausreicht, empfehle ich Ihnen, sich ein eigenes Coaching-Heft anzulegen. Sollten Sie dennoch lieber mit mir oder mit einem anderen in dieser Methode ausgebildeten Coach im persönlichen Gespräch arbeiten, finden Sie am Ende des Buches weiterführende Informationen dazu.

Was Sie davon haben, wenn Sie sich von MINDFUCKs lösen

Mentale Selbstsabotagemuster sind aus meiner Sicht die Ursache sehr vieler, wenn nicht der meisten Probleme, mit denen sich die Menschen heute herumschlagen. Unter mentaler

* Sie finden im ersten Buch *MINDFUCK. Warum wir uns selbst sabotieren und was wir dagegen tun können* eine ausführliche Einführung in die Theorie der Entstehung und Funktion mentaler Selbstsabotage. Sie finden dort auch ein ausführliches Literaturverzeichnis.

Selbstsabotage verstehe ich diejenigen Gedanken, mit denen wir uns selbst behindern. Es gibt eine Vielzahl von Möglichkeiten, das zu tun. Fangen wir damit an, uns etwas nicht zuzutrauen oder etwas nicht zu wagen, was wichtig und richtig für unser Leben wäre. Wir bleiben unter unseren Möglichkeiten, machen uns klein und fühlen uns ohnmächtig. Oft wagen wir nicht einmal, über einen relativ eng gesteckten, dafür aber bekannten und sich wenigstens sicher anfühlenden Horizont hinauszudenken, obwohl wir ahnen, dass es gut wäre, weiterzugehen. Das diffuse Gefühl, sich immer wieder selbst zu blockieren und stets die gleichen Probleme und schlechten Gefühle zu erleben, bleibt. Wie in *Und täglich grüßt das Murmeltier* scheint sich alles in einer Endlosschleife zu bewegen. Wir nehmen uns Dinge vor und machen sie dann doch nicht. Wir fangen Dinge an und bringen sie nicht zu Ende. Irgendwann trauen wir uns selbst nicht mehr über den Weg.

Dann gibt es die Selbstblockaden, die mit ganz bestimmten Themen einhergehen. Ein Brief vom Finanzamt, und es bricht helle Panik aus. Ein Blick auf das eigene Bankkonto, und ein schlechtes Gefühl macht sich breit. Bekannt ist auch das Phänomen, auf bestimmte Termine, vor denen man Angst hat, hinzuleben und quasi die Luft und das ganze Leben anzuhalten, bis es vorbei ist: Erst muss ich diese Prüfung schaffen, dann kann ich wieder an etwas anderes denken …

Ein weiterer Komplex, der mit MINDFUCK einhergeht, sind die immer gleichen Probleme mit den immer gleichen Leuten. Ein bestimmter Typ Mann, ein bestimmter Typ Frau, eine bestimmte Person, mit dem oder der wir immer wieder Böses erleben. Das Gefühl, immer wieder Stress mit anderen zu haben, missverstanden, schlecht behandelt und nicht wahrgenommen zu werden. Oder Träume zu haben und das dunkle Gefühl, dass diese sowieso niemals wahr werden. Irgendwann gibt man das Träumen auf oder wird Meister darin, Luftschlösser zu bauen, die es natürlich niemals geben wird.

Wenn wir ängstlich sind oder sogar handfeste Horrorszenarien im Kopf haben, handelt es sich ebenfalls meist um handfeste MINDFUCKs. Angst vor Krankheit, Katastrophen, Angst vor dem Alter oder die Furcht, jung zu sterben. Angst davor, dass Menschen, die wir lieben – warum auch immer –, etwas zustoßen könnte. Und irgendwann die Angst vor der Angst. Wir gehen »auf Nummer sicher«, tauchen ab in eine selbstgemachte Schonhaltung, trauen uns weniger, erleben weniger. Und dabei ist alles nur MINDFUCK. Sich immer wieder »die Butter vom Brot nehmen lassen« gehört ebenso ins Reich der Selbstsabotage wie immer wieder neue Strohfeuer, Begeisterung für Menschen, Dinge oder Themen und die Angewohnheit, bald darauf wieder ernüchtert das Interesse zu verlieren. MINDFUCK ist immer dann im Spiel, wenn wir zu Kompensations- und Übersprungshandlungen greifen: zu viel trinken, zu viel essen, zu viel arbeiten, Drogen, schlechte Gesellschaft suchen und vieles andere mehr, wovor uns schon unsere Großeltern gewarnt hätten.
Für andere zeigt sich MINDFUCK in dem Gefühl, in einem völlig durchstrukturierten, festgefahrenen Leben zu stecken. Sie wissen dann bereits, wie sich ihr Leben heute in vier Monaten anfühlen wird. Und heute in vier Jahren wird es nicht anders sein, nur ein wenig älter. Chronische Langeweile, das Gefühl, dass einem wirklich nichts mehr einfällt, was Freude machen könnte – oder, ganz im Gegenteil: ein Gefühl von dauerhaftem Getriebensein, nicht abschalten können, irgendwann durchzudrehen. Wir haben dann den Eindruck, Dinge zu tun, die wir gar nicht (mehr) tun wollen, und, wie von Geisterhand gelenkt, treiben wir sie dennoch weiter. Mit Vollgas über den Holzweg brettern könnte man das nennen. Was daran zum Verzweifeln ist: Ein Teil in uns weiß genau, dass es falsch ist. Und wir machen es trotzdem. Dann gibt es noch diese Zweifel und Ambivalenzen. Wir glauben uns selbst nicht mehr, jemals eine gute, stimmige Entscheidung treffen zu können. Kaum ist etwas entschieden,

kommt ja schon der Zweifel: Will ich das wirklich? Ist es das wirklich? Was ist, wenn ich es doch nicht oder gar nicht mehr will? Eine im Wortsinne verzweifelte Art, sich im Kreis zu drehen. Manchmal krönt so einen Rundlauf dann die Frage, welchen Sinn das alles – das ganze Leben – denn überhaupt hat.
Werden nicht gerade die großen Themen auf unproduktive Art gewälzt, dann kann es uns im MINDFUCK-Modus passieren, dass wir uns notorisch über uns und andere, über Kleinigkeiten und Menschen, die wir gar nicht kennen und womöglich niemals kennenlernen, aufregen. Lästern, abwerten, aburteilen – und sich natürlich nach einer kurzen Erleichterung schlecht fühlen. Und insgesamt den Eindruck haben, ein schlechter, weniger liebenswerter oder einfach gnadenlos egoistischer Mensch zu sein, der darauf warten kann, die Quittung für all das zu bekommen. Dann gibt es noch das Phänomen, sich komplett darin zu verlieren, die Erwartungen anderer zu erfüllen. Irgendwann weiß man schon nicht mehr, was man eigentlich selbst will und braucht. Wir sind dann Meister der Anpassung geworden und haben unseren eigenen roten Lebensfaden längst verloren. In halbwegs lichten Momenten klagen wir, nicht genug gesehen und – neudeutsch – nicht genug »gewertschätzt« zu werden. Dabei ist es die eigene Meisterschaft, sich selbst zu übersehen, die das Unheil auslöst und fortführt.
Doch es gibt noch viel mehr in einer von MINDFUCK getrübten Innenwelt: mit der Vergangenheit hadern und die Zukunft fürchten. Sich mit anderen vergleichen und unter Druck setzen, jammern und am Boden zerstört sein. Wieder aufstehen und im selben Trott weitermachen.
Das ist das Leben, wenn wir es dem MINDFUCK überlassen. Eng, begrenzt, mit angezogener Handbremse. Langweilig, anstrengend, ernüchternd. Wer bereits aufgegeben hat, flüchtet sich in andere Welten oder in bleierne Verbitterung. Das Leben ist eben so. Man kann sich halt nicht alles aussuchen. In dem Café, in das ich oft zum Schmökern gehe, steht in großen Let-

tern an der Wand: Das Leben ist kein Ponyhof. Wir werden streng oder kindisch. Wir werden ernst, ohne uns ernst zu nehmen. Ein paradoxer Zustand.

Selbstcheck:
Die aktuelle Relevanz von MINDFUCK in Ihrem Leben

Nun meine erste Frage an Sie: Wie hoch schätzen Sie Ihre eigene Betroffenheit in Bezug auf die oben genannten Themen auf einer Skala von 0 bis 10 ein? 0 hieße: Ich kenne kein einziges davon. 10 heißt: Ich kenne alles, das ist mein Lebensgefühl.

0	1	2	3	4	5	6	7	8	9	10

Wie sehr Sie im Moment auch mit Selbstsabotage zu tun haben mögen und wie hoch oder niedrig Sie Ihre Chancen derzeit auch einschätzen mögen: Jeder Mensch kann MINDFUCK überwinden und frei werden für ein Leben in einer neuen Dimension. Jeder hat die Möglichkeit, ein offener, entspannter, authentischer, fähiger und äußerst wirksamer Mensch zu sein, der seinen eigenen Weg kennt und erfolgreich geht. Jeder von uns kann ernsthaft eine neue Dimension von Zufriedenheit, Intensität und Glück in seinem Leben erreichen. Wir müssen uns dafür nicht mehr anstrengen, sondern schlicht und einfach weniger stören. MINDFUCK sind die Störmuster, mit denen wir uns von einem offenen, selbstwirksamen Leben abhalten. MINDFUCK überwinden heißt, frei zu werden für das, was eigentlich in uns steckt und darauf wartet, endlich gelebt zu werden. Genau darum wird es in unserer gemeinsamen Arbeit gehen.

Situationen meistern, Leben verändern

Mentale Selbstblockaden können uns in bestimmten Situationen, wie etwa vor Prüfungen, in der Begegnung mit bestimmten Menschen oder Ähnlichem und in unserem gesamten Leben beschneiden und beeinträchtigen. Im ersten Fall handelt es sich um sogenannte situative MINDFUCKs, im zweiten um chronische MINDFUCKs.

Das Coaching, das ich für Sie entwickelt habe, besteht deshalb aus zwei Teilen.

Im ersten Teil lernen Sie, wie Sie akute selbstblockierende Gedanken und Gefühle erkennen und ausschalten. Im zweiten Teil erfahren Sie, wie Sie die Parallelwelt in Ihrem Kopf, die Sie bisher daran hindert, Ihr volles Potenzial zu leben, so verändern, dass sich Ihr Leben insgesamt in eine neue Dimension entwickelt.

Um Sie bei der Umsetzung Ihrer Kenntnisse noch weiter zu unterstützen, habe ich noch Coaching-Parts hinzugefügt, in dem Sie hilfreiche Hinweise und Übungen finden, wie Sie das, was Sie nun wissen, leichter in die Tat umsetzen können. Alle drei Teile zusammen sind eine Art hohe und gleichzeitig überraschend einfache Schule wirksamer Persönlichkeitsentwicklung. Sie ermöglichen Ihnen, auch in schwierigen Situationen Klarheit zu bekommen, stark und selbstwirksam zu werden, wo Sie vorher blockiert und/oder unter Ihren Möglichkeiten lebten.

Da ich nicht nachhaken und nachfragen kann, kommt es besonders auf Sie an. Ich empfehle Ihnen die Fragen und Impulse, die Sie nacheinander kennenlernen werden, nach bestem Wissen und Gewissen für sich zu beantworten. Das erfordert ein hohes Maß an Ehrlichkeit sich selbst gegenüber. Sie wissen selbst am besten, wann Sie sich belügen und wann Sie wirklich tief drinnen ehrlich mit sich sind. Dieser Spur der intellektuellen Redlichkeit sich selbst gegenüber sollten Sie in allen Lebensbereichen folgen. Ein starkes Vertrauen in sich selbst – das buchstäbliche Selbst-Vertrauen – beginnt damit, dass Sie jederzeit wissen, was Sie wirklich denken und wirklich wollen, und sich dabei zu beobachten, inwieweit Sie diesen Impulsen folgen oder nicht.

Grundlagentraining und Coaching

Im Laufe unserer gemeinsamen Arbeit werde ich mit Ihnen sowohl Grundlagentraining als auch spezielle Coaching-Parts absolvieren.
Unter Grundlagentraining verstehe ich Übungen, mit denen ich Ihnen eine bestimmte Fähigkeit vermitteln möchte, eine Fähigkeit, die Sie in vielen Lebenslagen brauchen. Dazu gehört beispielsweise ein Gespür für die verschiedenen Haltungen, die wir innerlich einnehmen können. Das brauchen Sie nicht nur für sich und Ihre MINDFUCK-Themen, sondern auch, wenn Sie andere Menschen besser verstehen und besser mit ihnen klarkommen wollen. Die Fähigkeiten, um die es im Grundlagentraining geht, sind also mentale, emotionale und kommunikative Fertigkeiten und Kenntnisse, die Sie für Ihre gesamte Persönlichkeitsentwicklung brauchen können. Die Coaching-Parts beziehen sich dann ganz konkret auf Ihre persönliche Situation und die Themen, die Sie derzeit beschäftigen.

Die schwersten Fragen sind die besten

Ich werde Ihnen Fragen stellen, auf die Sie vielleicht nicht sofort eine Antwort parat haben, Fragen, die sich aber einen Weg in Ihr Denken bahnen werden, wo es endlich »klick« machen kann – an Stellen, an denen Sie sich vielleicht sonst nur im Weg gestanden haben. Ähnlich wie in einem echten Coaching unter zwei Menschen wird das Coaching aber nur so gut, wie Sie sich selbst wahrhaftig einbringen und wirklich dranbleiben. Eines der wesentlichen Erlebnisse, die Klienten in einem guten Coaching haben, ist, dass die besten Fragen am schwersten zu beantworten sind. Einfach deshalb, weil sie wirklich neue Denkprozesse und damit Veränderungen in Gang setzen.

Im Laufe des Coachings werde ich Ihnen aber nicht nur Fragen stellen, sondern auch immer wieder Hinweise, Impulse und Beispiele nennen, die Sie nutzen können, um sich selbst auf eine neue, tiefere Art zu verstehen und besser mit sich umzugehen.

Denn das ist ein Herzstück des gesamten Ansatzes: Die Kunst zu erlernen, gut mit sich selbst umzugehen. Sie ist übrigens eine Voraussetzung dafür, auch gut mit anderen umzugehen. Und je besser Sie mit anderen umgehen, desto besser werden Sie wiederum mit sich selbst umgehen. Das Leben ist an dieser Stelle glücklicherweise sehr gerecht.

Der Coach ist immer auf Ihrer Seite

Bevor Sie jetzt beginnen, sollten Sie noch eines wissen: Als Coach stehe ich immer an Ihrer Seite. Ich bin Anwältin desjenigen Anteils Ihrer Persönlichkeit, der sich ein freies, selbstwirksames gelungenes Leben mit hoher Lebensqualität wünscht. Möglicherweise wird das einem anderen Anteil, der viel mit MINDFUCK zu tun hat und den ich den »inneren Wächter« nenne, nicht passen. Mit einiger Wahrscheinlichkeit wird er genau dann Widerstand leisten, wenn es wirklich »ernst« wird. Ernst wird es, wenn Sie tatsächlich beginnen, sich zu befreien und sich nicht mehr selbst zu sabotieren. Wenn Sie anfangen, als der freie Mensch zu denken und zu fühlen, der Sie eigentlich sind, dann wird sich der alte innere Wächter auf jeden Fall zu Wort melden.

Der beste Rat, den ich Ihnen mit auf den Weg geben kann: Bleiben Sie auch dann am Ball, wenn die größten Zweifel kom-

men. Wenn alles in Ihnen sagt, »Das ist doch alles Quatsch« oder »Das geht doch nicht« oder »Das ist mir zu viel«. Genau dann sind Sie am Scheidepunkt – zu dem Leben, das Sie wirklich haben wollen und auch haben können. Gehen Sie also durch diese Phase mutig hindurch. Nehmen Sie sich vielleicht eine kleine Auszeit vom Coaching. Aber brechen Sie es nicht ganz ab. Wenn Sie dabei sind, Ihre inneren Gespenster zu besiegen, geht es Ihnen nicht anders als jedem Helden: Sie kommen an Punkte, an denen es dunkel scheint und vielleicht auch sinnlos. Und genau durch diese Engstellen gilt es mutig hindurchzugehen. Es wartet eine Helligkeit da draußen, die Sie in Ihrem Leben so vielleicht noch nie gesehen haben.
Es ist ungefähr so wie mit einem Tag in den Bergen, der mit Nebel beginnt. Sie kämpfen sich fast ohne Sicht hoch, und plötzlich reißt der Himmel auf. Und Sie sehen das ganze grandiose, majestätische Panorama. Sie sehen, wie herrlich das Leben wirklich ist. Und dass es nur darauf wartet, von Ihnen gelebt zu werden. Das kann zunächst ganz schön umhauen. Aber genau deshalb haben wir uns ja auf den Weg gemacht. Gehen wir es also an. Und lassen Sie es uns so leicht wie möglich machen.

Was Sie über MINDFUCKs wissen sollten: Das Wichtigste im Überblick

MINDFUCKs sind die Gedanken und Gedankenmuster, mit denen wir uns selbst sabotieren. Sie führen dazu, dass wir in bestimmten Situationen bzw. in unserem Leben unser eigentliches Potenzial nicht entfalten und weit unter unseren Möglichkeiten bleiben.
MINDFUCK ist eine ganz bestimmte Art zu denken und zu fühlen. Denken ist ein innerer Dialog. Wir sprechen

mit uns selbst. Im MINDFUCK-Modus ist dieses Gespräch mit uns selbst nicht sehr konstruktiv und förderlich, sondern eher destruktiv und blockierend. Es zeigt sich in Extremen, die wir uns noch genauer ansehen werden, und weist sieben Grundmuster auf, die in sich und alle gemeinsam einer ganz bestimmten Logik folgen.
Was allen MINDFUCKs gemeinsam ist: Sie sind veraltetes Denken. Wir fallen entweder zurück in weniger reife Entwicklungsstufen, oder wir aktivieren die Überzeugungen längst vergangener Generationen, die in autoritären und hierarchischen Gesellschaften lebten. Jede Art von MINDFUCK ist damit eine Art Gespenst von gestern, ein kleines Monster, von dem wir uns heute getrost verabschieden können. Mit den drei Schritten, die ich Ihnen zeigen werde, löst es sich nach und nach in nichts auf. Und irgendwann werden Sie sich lächelnd daran erinnern, dass es einmal eine Rolle in Ihrem Leben gespielt hat.
Wenn Sie mehr über die sozialpsychologischen, entwicklungspsychologischen und historischen Hintergründe von MINDFUCK wissen möchten, finden Sie das ausführlich in meinem ersten Buch zu MINDFUCK.

Das Netz verstehen und auflösen

Der MINDFUCK-Ansatz, mit dem wir arbeiten werden, enthält viele aus der Psychologie stammende Grundthesen. Er ist ein echter Coaching-Ansatz und keine Form der klassischen Psychotherapie. Ich habe ihn in der Praxis mit mehreren tausend Klienten in mehr als zehn Jahren Einzelarbeit entwickelt. Was Sie für Ihre Arbeit mit dem MINDFUCK-Ansatz wissen sollten: Als Coach spreche ich stets auf Augenhöhe mit Ihnen.

Meine Aufgabe sehe ich darin, den erwachsenen Menschen in Ihnen zu stärken, herauszufordern und immer wieder zu aktivieren, auch wenn Ihnen manchmal vielleicht gar nicht danach ist. Ich bin also nicht Ihre Therapeutin und auch keine allwissende Ratgeberin, sondern Ihr ernsthafter Sparringspartner auf Augenhöhe.

Als Coach interessiert es mich nicht so sehr, woher Probleme stammen. Ich denke stattdessen lösungsorientiert und frage mich, was der Mensch, mit dem ich arbeite, braucht, um die Probleme zu lösen und frei zu werden für seine eigentliche Selbstwirksamkeit und Potenzialentfaltung. Ein Coach denkt also, salopp gesagt, immer nach vorn und weniger zurück. Die inneren Blockaden, mit denen wir uns herumschlagen, können wir uns vorstellen wie ein dickes Spinnennetz, das wir im Laufe der Jahre selbst um uns herum gesponnen haben. In unserem Coaching werden wir uns nicht ansehen, warum dieses Netz nun entstanden ist, das wäre aus Coaching-Sicht, die auf außergewöhnliche Effektivität ausgerichtet ist, eher ein Weg, der tiefer in das Problem hinein- als herausführt. Wir wollen stattdessen analysieren, wie dieses Netz, mit dem wir uns behindern, aussieht und wie es funktioniert.

Die erste Frage ist: Was machen wir, wenn wir uns selbst sabotieren? Welche Denkmuster aktivieren wir? Wenn wir das wissen, können wir die richtigen Werkzeuge wählen, mit denen wir das lästige Netz abtragen, aufschneiden, entwirren, zerreißen und ein für alle Mal beseitigen. Ohne dieses Netz sind wir zum ersten Mal wirklich frei. Erst dann können wir herausfinden, wer wir wirklich sind und was in uns steckt. Sich dieses Netz anzusehen erfordert Ihren ganzen Mut und, wie bereits gesagt, Ihre ganze Offenheit und Ehrlichkeit sich selbst gegenüber. Jeder gesunde erwachsene Mensch kann das schaffen. Und auch Jugendliche haben mir bereits über sehr gute Erfahrungen mit dem MINDFUCK-Ansatz berichtet.

Hinweis:
Dennoch sollte Ihnen klar sein: Mit MINDFUCK zu arbeiten ersetzt keine Psychotherapie. Wenn Sie den Eindruck haben, ernsthaft depressiv zu sein, akute Wahrnehmungsstörungen zu haben, in jahrelangen missbräuchlichen Beziehungen zu stecken oder auf Leben und Tod abhängig von einer Person, einem Job, einer Substanz, einer Idee oder etwas anderem zu sein, sollten Sie vertrauensvoll meine Kolleginnen und Kollegen aus der Psychotherapie kontaktieren. Jede Art des Aufbruchs zu einem besseren Leben beginnt mit einem ersten Schritt. Dieser erste Schritt ist immer, sich selbst ernst zu nehmen und nichts mehr vorzumachen. Sie sind Experte oder Expertin Ihres Lebens, und niemand weiß besser als Sie, was hilfreich für Sie ist.

Die drei Schritte zur Selbstbefreiung

Im ersten Teil unseres Coachings möchte ich Ihnen zeigen, wie Sie mit jedem normalen MINDFUCK in drei klaren Schritten Schluss machen können. Und sie sind wirklich einfach. Auch wenn sich für das geschulte Auge ganze Welten hinter jedem einzelnen Schritt verbergen, an denen Psychologen und Philosophen ganzer Generationen »geknabbert« und gearbeitet haben. Die drei Schritte haben sich in meiner Praxis – sowohl mit dem schwersten Fall, mir selbst, als auch mit allen anderen meiner Klienten – bewährt. Sie dienen nicht nur dazu, akute, situative MINDFUCKs zu überwinden, sondern sind eine sichere Bank für die Bewältigung jeder kritischen Phase bis hin zur tiefen Persönlichkeitsentwicklung.

Folgende drei Schritte haben eine fundamentale Wirkung. Wir werden sie uns noch einzeln sehr genau ansehen.

Frei werden in drei Schritten

1. **Den MINDFUCK erkennen**
2. **Ins Erwachsenen-Ich gehen**
3. **Sich öffnen mit Neugier, Vertrauen und Freude an der Erfahrung darauf schauen**

Diese einfache Vorgehensweise, die ich Ihnen genau erklären und mit Ihnen trainieren werde, wird Sie in die Lage versetzen, in wenigen Augenblicken Ihr Denken und Ihre Gefühle in einen konstruktiven Zustand zu bringen. Wir werden uns jeden Schritt sowohl für die Auflösung situativer als auch für die chronischer MINDFUCKs ansehen und anhand von echten Fallbeispielen und Ihrer eigenen Themen auflösen.
Der **erste Schritt,** MINDFUCK zu überwinden, besteht darin, ein untrügliches Gespür für MINDFUCK in der eigenen Gedanken- und Gefühlswelt zu bekommen. Dazu gehört auch, eine gewisse Sensibilität dafür zu entwickeln, ob wir uns selbst gerade als Erwachsene fühlen und behandeln oder nicht. Wenn wir MINDFUCK betreiben, sind wir niemals in einem innerlich erwachsenen Zustand. Wir sind entweder im Eltern-Ich oder im Kind-Ich, oder wir wechseln unruhig zwischen beiden Haltungen hin und her. Was sich hinter diesen Zuständen verbirgt, werden wir uns noch im Detail ansehen, denn es ist wichtig, dass Sie ein möglichst tiefes Verständnis davon bekommen.
Der **zweite Schritt** ist deshalb immer, unmittelbar in den selbstwirksamen, balancierten Erwachsenen-Zustand zu wech-

seln. Wie das geht, werde ich mit Ihnen intensiv trainieren. Bereits mit diesen beiden Schritten, die einfach sind, aber eine ganze Welt an Entwicklungsschritten in sich bergen, können wir MINDFUCK überwinden. Sie erfordern Wissen über MINDFUCK, die verschiedenen Ich-Zustände, ein Gespür für die damit jeweils verbundenen Gefühle und ein wenig Übung in der Anwendung.
In der Arbeit mit mir selbst und mit meinen Klienten hat sich zusätzlich ein **dritter Schritt** sehr bewährt, der gleichermaßen einfach ist und tief wirkt: die Hinwendung zur Situation bzw. zum Thema, in der bzw. bei dem wir uns bisher selbst sabotiert haben: in einer Haltung von Neugier, Vertrauen und Freude an der Erfahrung. Diese drei Begriffe stammen von Timothy Gallwey, der sie als Haltung für alle Lernprozesse empfiehlt. Ich empfehle sie als innere Haltung sämtlichen Themen gegenüber, die bisher ein Problem für uns darstellen – und darüber hinaus als grundsätzliche Lebenseinstellung.
Nehmen wir ein einfaches Beispiel. Frau Mustermann ist in ihrer Freizeit eine passionierte Malerin. Sie träumt schon lange von einer Ausstellung mit ihren Bildern. Doch sie traut sich nicht, weil sie befürchtet, andere könnten über ihre Bilder, die sie »ihre Babys« nennt, lästern. So bleibt der Wunsch über Jahre in ihrem Herzen, ohne Wirklichkeit zu werden. Denn sie hindert sich mit selbstblockierenden Fantasien, deren Realität sie, wie sie meint, nicht aushalten würde. Beides aber, die Fantasien des Lästerns über ihre Bilder und die Angst, das dann nicht aushalten zu können, spielen sich nur in ihrem Kopf ab. Das aber reicht, nicht mehr aktiv zu werden und sich selbst zu blockieren. Ein klarer Fall von MINDFUCK.
Selbst wenn wir im ersten Schritt die genaue MINDFUCK-Art noch nicht zuordnen, können wir, nachdem wir MINDFUCK festgestellt haben, den zweiten Schritt gehen. Wenn wir Frau Mustermann fragen würden, was sie als die gestandene erwachsene Frau, die sie eigentlich ist, über das alles denken

würde, käme sie mit großer Wahrscheinlichkeit zu folgendem Ergebnis: »Wenn ich mir das als erwachsene Frau ansehe, merke ich natürlich, dass das irgendwie verrückt ist, mich so zu blockieren. Erstens sind meine Bilder nicht meine Babys, und ich bin ›schon groß‹ und kann mit Kritik, auch mit der an meinen Bildern, durchaus umgehen. Natürlich freue ich mich nicht gerade, wenn Leute über meine Arbeit lästern, aber es bringt mich wirklich nicht um und ist kein Grund, meine Bilder nicht auszustellen. Kritik gehört zum Leben, und man kann es nicht jedem recht machen.«

Wenn wir sie dann bitten, zu dieser klaren Haltung als Erwachsene noch eine Portion Neugier, Vertrauen und Freude an der Erfahrung einzubringen, würde ihre Antwort ungefähr folgendermaßen ausfallen: »Ich freue mich tatsächlich sehr auf meine erste Vernissage. Es ist wirklich aufregend für mich. Ich bin gespannt, welcher Ort der richtige ist und wie ich die Bilder am besten hänge. Die Vorstellung, alle Bilder gut präsentiert vor mir zu sehen und auf die ersten Besucher zu warten, löst ein sehr gutes Gefühl in mir aus. Ich freue mich riesig darauf, um ehrlich zu sein. Ich bin auch tatsächlich gespannt auf die Feedbacks und Eindrücke der Besucher. Vielleicht kommen da auch für mich ganz neue Aspekte auf.« Die Wahrscheinlichkeit, dass Frau Mustermann nun tatsächlich handelt und ihren Traum von der Ausstellung nicht nur realisiert, sondern auch ein gutes aufregendes Gefühl dabei hat, ist enorm gestiegen.

Coaching-Part: Ein erster Selbstversuch

Vielleicht haben Sie Lust auf einen kleinen Selbstversuch, quasi aus dem Stand heraus? Denken Sie an eine Situation, die Sie bisher immer wieder herausfordert.

Vor großen Veränderungen oder Situationen verfalle ich gerne in Angststarre / Unfähigkeit

Warum denken Sie, dass MINDFUCK im Spiel ist?

Weil ich mich ja eigentlich darauf freue, aber mir dann selbst im Weg stehe.

Gehen Sie nun weiter zu Schritt 2. Wie würden Sie in der Situation denken, wenn Sie voll und ganz in die Haltung der erwachsenen, selbstwirksamen Person gehen, die Sie eigentlich sind? Wie ist Ihre Einstellung dann?

Ich verfolge meinen Plan und erledige meine Aufgaben mit Freude, denn sie bringen mich Stück für Stück ans Ziel

Und jetzt nehmen Sie zu dieser reifen, selbstwirksamen Haltung zusätzlich noch eine große Portion Neugier, Vertrauen und Freude an der Erfahrung mit ins Spiel. Schreiben Sie das neue Ergebnis, Ihr neues, selbstwirksames und MINDFUCK-freies Verhalten, am besten gleich auf:

Mir gehen die Aufgaben leicht
von der Hand, freue mich auf
jede neue Herausforderung

Ich habe im Laufe des vergangenen Jahrzehnts eine Menge experimentiert. Diese drei Schritte haben sich als extrem wirksam erwiesen. Sie sind einfach, klar und mächtig. Wenn Sie sich mit der Zeit angewöhnen, in diesen drei Schritten zu denken und zu fühlen, werden sich nach und nach sogar Ihre Träume verändern. Ganz einfach deshalb, weil sie eine Art »Zwischenreich«, das ich das Vorbewusste nenne und das sich aus meiner Erfahrung mit zahlreichen Klienten zwischen unserem vollen Bewusstsein und unserem sogenannten Unterbewusstsein befindet, nachhaltig und tiefgreifend »ausmisten« und damit verändern.

Denken und fühlen

Vielleicht sind Sie eben über meine Formulierung, in den drei Schritten zu denken und zu »fühlen«, gestolpert. Wie soll man denn in Schritten mit inhaltlichen Anweisungen »fühlen«?, werden Sie sich vielleicht fragen. Das ist aber ein ganz zentraler Punkt unserer Arbeit mit MINDFUCK. Gedanken erzeugen bestimmte Gefühle, und es ist gut, die eigene Aufmerksamkeit dafür zu trainieren. Sie können Ihre Innenwelt durch Gedanken, aber ebenso durch Gefühle verändern, und Sie können Gefühle ebenso wie Gedanken bewusst erzeugen. Das ist eine große Hilfe, die es Ihnen erleichtert, auf einer sehr tiefen Ebene zu lernen. Wenn Sie zum Beispiel ein Gefühl dafür bekommen haben, wie Sie sich als selbstwirksame, balancierte erwachsene Person fühlen und wer Sie dann sind, kann das umgehend dazu führen, dass Sie automatisch sehr kreative und produktive neue Gedanken zu einer Sache entwickeln, in der Sie sich in einem anderen inneren Zustand blockiert haben.

Ein Beispiel kann das vielleicht noch besser veranschaulichen. Stellen Sie sich vor, Sie möchten einen neuen Tanz, zum Beispiel Tango, erlernen. Die gewohnte Art ist es, mit dem Verstand zu lernen. Wir versuchen uns dann eine Schrittfolge einzuprägen und diese nach unseren inneren Instruktionen oder denen unseres Tanzlehrers nachzumachen. Das dauert meist ziemlich lange und ist zu Beginn hölzern und anstrengend, denn wir denken nach, was wir tun sollen, und der Körper reagiert zeitverzögert und meist verkrampft. Die andere Art besteht darin, die Schrittfolgen zunächst anzuschauen, locker nachzuahmen und dann zu fühlen, was funktioniert und was nicht. Ihr Körper übernimmt die Regie. Sie bekommen dann ein Gefühl für die Musik und wie es sich anfühlt, richtig zu tanzen.

Im einen Fall geben Sie sich selbst analytisch Anweisungen, im anderen Fall suchen und erinnern Sie ein Gefühl, erleben die Wirkung dessen, korrigieren unbewusst so lange, bis Gefühl und Wirkung das Ergebnis bringen, das Sie sich wünschen. Meistens jedenfalls. Je länger Sie das trainieren, desto sicherer werden die Ergebnisse.

Der innere Systemwechsel

Persönlichkeitsentwicklung, die auf der Höhe der Zeit ist, funktioniert aus meiner Sicht ebenso. Die Analyse dessen, was sein sollte oder warum etwas gekommen ist, wie es ist, ist die eine Sache. Die andere ist das Gefühl dazu, und das übertrifft die Gedanken in seiner Wirksamkeit, weil es mehr Spielraum für Lernen und Kreativität lässt und letztlich verlässlicher ist. MINDFUCK hat eine eigene Gedanken- und eine dazugehörige Gefühlswelt, die sich oft über Jahre und Jahrzehnte in unserem Gehirn verankert hat. Wenn wir uns von MINDFUCK befreien, denken wir nicht nur neu, sondern erschaffen uns eine ganz neue Gefühlswelt, eine Gefühlswelt, die sich ebenso mit jedem Mal, in dem wir sie erzeugen, verstetigt und vertieft. Mit diesem Wandel, den ich den inneren Systemwechsel nenne, verändern wir somit das, was wir als unser Lebensgefühl bezeichnen. Und dieses Lebensgefühl ist es, das uns zu dem Schluss kommen lässt, ob unser Leben leicht, intensiv und gut ist. Oder eben nicht. Ob es Freude macht. Ob es Spaß macht, ob es sich lohnt, es zu leben. Oder eben nicht. Das Lebensgefühl ist unser ständiger und wichtigster Begleiter, und es ist das Barometer unserer wahren Lebensqualität. Aus meiner Sicht ist ein gutes Lebensgefühl genau das, was wir im Leben als Glück bezeichnen und suchen.

Wegen dieser engen Verbindung aus Denken und Fühlen werden wir in allen drei Schritten der Befreiung von Selbstsabotage sowohl auf einer bewussten gedanklichen als auch auf einer emotionalen gefühlsmäßigen Ebene arbeiten. Wenn Sie genügend Erfahrung damit gesammelt haben, werden Sie über die Schritte gar nicht mehr nachdenken, sondern sofort das gute und außerordentlich wirkungsvolle Gesamtgefühl erzeugen können, das die drei Schritte automatisch mit sich bringen.

Erster Schritt: MINDFUCKs erkennen

MINDFUCK ist nicht gleich MINDFUCK. Es gibt grundsätzlich zwei Erscheinungsformen, die unterschiedliche »Schweregrade« mit sich bringen: die situativen und die chronischen MINDFUCKs.

Situative und chronische MINDFUCKs

Normale MINDFUCKs sind situative MINDFUCKs. Situative MINDFUCKs treten, wie ihr Name schon sagt, in bestimmten Situationen auf. Sie sind lästig, stören aber nur dann. Zum Beispiel, wenn eine Prüfung bevorsteht oder eine Rede gehalten werden soll. Menschen, die vor einer Rede in einen MINDFUCK-Strudel geraten, malen sich innerlich aus, was alles schiefgehen könnte, und halten das nicht nur für eine Befürchtung, sondern für eine ganz sicher eintretende Realität. Der Redeangst sind von der Fantasie her fast keine Grenzen gesetzt. Es gibt sie in den unterschiedlichsten Varianten. Und dennoch ist sie nur MINDFUCK.
Häufig versuchen wir Situationen, in denen wir bereits wissen, dass MINDFUCK droht, zu meiden. Das sollten wir nicht länger hinnehmen. Denn es schränkt unsere Freiheit und unsere Wahlmöglichkeiten ein. Sich vor Dingen zu drücken, die uns MINDFUCK bereiten, ist verständlich, aber wir sollten uns klar darüber sein, dass wir damit unser wahres Potenzial untergraben und zum Teil irrationale Schonräume in unserem Leben installieren. Schonräume haben eine unangenehme Eigenschaft:

Sie vermehren sich. Es bleibt erfahrungsgemäß nicht bei einem. Ich habe schon mit Menschen gearbeitet, die sich in ihrem Leben keinen Schritt mehr bewegt haben, weil sich ein Schonraum an den anderen reihte und nichts mehr ging. Wir machen uns vor, etwas nicht zu können und niemals zu beherrschen. Und dabei ist es nur MINDFUCK, mit dem wir uns selbst sabotieren. Wenn Sie Ihre situativen MINDFUCKs überwinden, werden Sie sich das Leben in vielerlei Hinsicht einfacher machen. Was aber noch viel wichtiger ist: Sie werden sich in Ihrer wahren Größe kennenlernen und Ihrem Leben neue Möglichkeiten eröffnen.

Coaching-Part: Die eigenen situativen MINDFUCKs erkennen

Nutzen Sie deshalb am besten jetzt gleich die Chance, alle Situationen zu notieren, vor denen Sie sich gerne drücken würden oder das tatsächlich auch tun. Egal wie wichtig oder unwichtig es ist, was Ihnen jetzt einfällt. Glauben Sie mir, es ist von großer Bedeutung. Sei es, Sie schicken andere vor, um ein

Telefonat zu erledigen, sei es, Sie halten in einer Sitzung den Mund, weil Sie Angst haben, sich bloßzustellen, sei es, Sie steigen nicht in ein Flugzeug, weil Sie sicher sind, dass es abstürzt, Sie brechen Fortbildungen ab, sobald die Prüfung gefährlich nah kommt, oder sei es, Sie nehmen bei einem Date eine ungepflegte Frisur in Kauf, weil in Ihrem Mondkalender steht, Sie dürften sich heute die Haare nicht schneiden lassen. Je offener Sie jetzt sich selbst gegenüber sind, desto größer wird Ihre Ernte am Ende unseres Coachings sein.

Situationen, die ich hasse, meide, in denen ich mich irgendwie verrückt verhalte oder vor denen ich mich komplett drücke:

Stress, Trennung, terminierung, Gesellschaftliche Dinge, gebunden sein

Wenn Sie den drei Schritten folgen, mit denen Sie MINDFUCK überwinden können, werden Sie das in Ihrem Leben nicht mehr akzeptieren. Die Ängste fallen weg, und Sie schenken sich auch in diesen Situationen etwas, was Sie vielleicht nicht einmal zu träumen wagten: Mut, Würde und Selbstwirksamkeit.

Deutlich tiefer reichen die chronischen MINDFUCKs. Das sind selbstsabotierende Gedankenmuster, die sich tief in unser Denken eingegraben haben und unsere Überzeugungen über uns selbst, andere, die Welt und das Leben prägen. Manchmal sind diese MINDFUCKs so stark, dass wir ihre Inhalte für »Wahrheit« und ihre destruktiven Folgen für einen Teil unserer

Persönlichkeit halten. Sie führen dauerhaft dazu, dass wir ein Leben weit unter unseren Möglichkeiten führen oder sogar den Eindruck haben, in ein falsches Leben geraten zu sein. Wenn Sie Ihre chronischen MINDFUCKs erkennen und überwinden, werden Sie Ihre Persönlichkeit und damit Ihr Potenzial voll entwickeln und ein Leben in einer komplett neuen Dimension führen können. Diesem Thema wenden wir uns im zweiten Teil des Coachings zu.
Zunächst kümmern wir uns um die normalen, situativen MINDFUCKs. Ich werde Ihnen zeigen, wie Sie diese konsequent ausschalten können.

Den MINDFUCK-Radar schärfen

Die erste Fähigkeit, auf die wir für die erfolgreiche Arbeit mit unseren MINDFUCKs angewiesen sind, besteht darin, diese schnell und sicher zu erkennen. Mentale Selbstsabotage spielt sich in der Parallelwelt unseres Vorbewussten ab. Dieses Vorbewusstsein können wir uns vorstellen wie die Software, mit der unser Geist arbeitet. Es bestimmt, in welcher Art wir welche Erlebnisse und Gedanken zuordnen und interpretieren. Im normalen Leben ist uns gar nicht bewusst, welche Software wir da geladen haben, aber wir können sie bewusst erkennen und analysieren.

Echte von falschen oder eingebildeten MINDFUCKs unterscheiden

Der allererste Schritt ist, dass Sie ein klares Gefühl dafür bekommen, ob Sie am »richtigen« MINDFUCK arbeiten oder die Arbeit an einem Thema selbst MINDFUCK ist. Das klingt erst einmal komplizierter, als es ist, ist aber ungeheuer wichtig, damit Sie Ihre Kraft nicht sinnlos verschwenden und schlechte Ergebnisse bekommen. Sehen Sie hier ein Beispiel aus der Praxis, die das Prinzip, um das es mir geht, deutlicher macht.

Mindfuck erkennen

Die Frau, die dachte, allein in den Urlaub fahren zu müssen

Eine Klientin sagte mir, sie habe Schwierigkeiten mit einem MINDFUCK. Sie arbeite ständig daran, er löse sich aber irgendwie nicht. Stattdessen bleibe ein eher dumpfes Gefühl zurück, wenn sie die drei Schritte anwende. Sie erzählte mir, dass sie schon seit Jahren einmal allein in Urlaub fahren wolle. Doch irgendetwas hindere sie daran. Sie wolle endlich den MINDFUCKs auf die Spur kommen, die sie davon abhalten würden, endlich allein Urlaub zu machen. Ich fragte sie, warum es so wichtig für sie sei, allein in Urlaub zu fahren. Darauf konnte sie zunächst nicht antworten. Dann sagte sie: »Ich glaube, ich denke, es ist wichtig, auch mal allein in den Urlaub zu fahren.« Ich fragte sie, wer das denn sage. Sie zuckte die Schultern. Ich fragte sie, wie denn ein Urlaub nach ihrem Geschmack aussehen würde. Sie antwortete: »Na jedenfalls mit Leuten, nicht allein. Am liebsten mit Freunden.« Ich fragte sie, was sie lieber machen würde: alleine auf die Malediven oder mit Freunden an die Ostsee? Ihre Antwort war klar: Obwohl sie die Malediven reizvoller finde, würde sie in der Praxis lieber mit ihren Freunden an die Ostsee fahren. Daraufhin fragte ich sie, was denn die selbstwirksame erwachsene Frau, die sie ja sei, davon halten würde, allein in den Urlaub fahren zu müssen. Sie antwortete: »Tja, muss ich ja gar nicht« und war selbst erstaunt über ihre Worte. Der MINDFUCK war also nicht, dass sie nicht in der Lage war, allein in den Urlaub zu fahren, sondern dass es in ihr eine Stimme gab, die behauptete, man müsse auch mal allein in den Urlaub wollen, das gehöre zu einer reifen Persönlichkeitsentwicklung dazu. Wir identifizierten den MINDFUCK klar als Regel-MINDFUCK, und meine Klientin beschloss, sich nicht mehr damit zu quälen, sondern sich mit Freunden zum Urlaub zu verabreden.

Ansprüche an sich selbst prüfen

Ähnliches erlebe ich häufig bei Themen, die mit angeblich notwendigen Verhaltensänderungen zu tun haben. Wenn wir der Meinung sind, jeden Tag mindestens eine Stunde joggen zu müssen, begeistert die Hausarbeit erledigen zu müssen oder uns regelmäßig bei einer Freundin/einem Freund melden zu müssen, die/der uns aber eigentlich mehr Kraft kostet als gibt, dann sollten wir lieber über den Impuls nachdenken, der uns das einredet, als über die Sache selbst. Wenn wir von uns erwarten, perfekt sein zu müssen, oder uns ständig kritisieren und glauben, es müsse so und nicht anders sein, sind derartige Ansprüche an uns meist der eigentliche MINDFUCK. Sie sollten deshalb nicht mit der MINDFUCK-Methode bearbeitet werden. Stattdessen sollten wir den MINDFUCK bearbeiten, der uns dazu bringt, immer wieder diese Dinge von uns zu verlangen, statt erwachsene klare Präferenzen, die wir nun einmal haben, anzuerkennen und auch danach zu handeln.

Wichtig: Es geht in der MINDFUCK-Arbeit darum, sich immer besser kennenzulernen und zu sehen, wer man wirklich ist, und nicht darum, aus sich jemanden machen zu wollen, der man angeblich sein sollte.

MINDFUCKs erkennen, die andere uns auftragen

Manchmal entstehen die eingebildeten MINDFUCKs aus unseren eigenartigsten MINDFUCK-Vorstellungen, manchmal jedoch werden sie auch von anderen an uns herangetragen. Ich habe einmal mit einer Frau gearbeitet, die der Meinung war, ihren Mann mehr lieben zu müssen. Ihre angebliche Lieblosigkeit äußerte sich darin, dass sie nicht so häufig Sex haben wollte wie ihr Partner. Ihr Mann sah darin ein klares Zeichen von Lieblosigkeit. Da meine Klientin durchaus der Meinung war, ihren Mann sehr zu lieben, vermutete sie, dass es wohl MINDFUCKs sein müssten, die sie daran hinderten, häufiger mit ihm zu schlafen.

Wenn wir MINDFUCK als Ansatz in dieser Art missverstehen, machen wir die Sache natürlich schlimmer statt besser.

Wir machen buchstäblich den Bock zum Gärtner. Der eigentliche MINDFUCK war die Regel und die Bewertung, die die Klientin von ihrem Mann übernommen hatte. Diese lautete: »Wenn du mich liebst, schläfst du so und so oft die Woche mit mir.« Der Durchbruch für meine Klientin und im nächsten Schritt auch für sie und ihren Mann war, genau dieses Druck-, Bewertungs- und Regelmuster als MINDFUCK zu erkennen und aus dem Erwachsenen-Ich heraus mit Neugier, Vertrauen und Freude an der Erfahrung neu zu denken und in einer völlig neuen Art miteinander darüber in Kontakt zu kommen.
Es stellte sich heraus, dass sich in der langjährigen Ehe zahlreiche MINDFUCK-Nester gebildet hatten und die ursprüngliche Leichtigkeit, Leidenschaft und Liebe durch ein engmaschiges Überzeugungsnetz, wie der andere jeweils zu sein habe, überlagert wurden. Beide arbeiteten in den nächsten Monaten an den richtigen MINDFUCKs und brachten eine völlig neue Qualität und Frische in ihre in der Tat sehr liebevolle Verbindung.
Wenn ich Sie also im Laufe unseres Coachings bitte, Ihre eigenen Themen zu notieren, ist es wichtig, dass Sie genau auf diese Unterscheidung achten. Vielleicht haben Sie schon ein paar Verdachtsmomente, dann ist es nützlich, sie gleich aufzuschreiben.

Kleiner Selbstcheck zu falschen MINDFUCKs

Bei welchen Themen, die Sie häufig oder seit längerem beschäftigen, haben Sie den Verdacht, dass es sich um falsche, eingebildete oder von anderen aufgetragene MINDFUCKs handelt?

der nicht auf meine
Frühere Bewusstseinsebene
zurückkehren zu können

Ist es wirklich ein MINDFUCK, oder versuche ich gerade einen neuen MINDFUCK zu installieren? Muss ich das Thema wirklich lösen oder verändern, oder wäre genau das der eigentliche MINDFUCK? Wenn Ihnen trotzdem einmal ein eingebildeter MINDFUCK unterkommen sollte, den Sie nicht sofort erkennen und unschädlich machen, ist es aber auch nicht allzu schlimm. Sie erkennen es dann im Nachhinein daran, dass Sie kein Gefühl einer echten Lösung und inneren Freiheit bekommen, sondern eher ein dumpfes Gefühl behalten. Dann hat sich Ihr innerer Wächter, also die Stimme, die Sie mit MINDFUCKs traktiert, einen Scherz erlaubt und versucht, Ihnen seine MINDFUCKs als Lösungsthemen unterzujubeln.

Gehen wir nun aber weiter und gewinnen ein noch feineres Gespür für das Erkennen von echten MINDFUCKs.

MINDFUCK zeigt sich auf drei Ebenen: gedanklich-inhaltlich in sieben verschiedenen Denkmustern, sprachlich in bestimmten Formulierungen und schließlich emotional in ganz bestimmten Gefühlen, die er auslöst. Wir können also unsere Aufmerksamkeit dafür schärfen, was wir zu uns selbst sagen, wie wir das sagen und welche Gefühle es auslöst, um MINDFUCK klar, schnell und vollständig identifizieren zu können. Beginnen wir beim ersten Punkt, den Inhalten unserer Blockademuster. Es gibt sieben MINDFUCK-Arten, mit denen wir uns selbst sabotieren.

Sicher zuordnen: Die sieben MINDFUCK-Arten im Überblick

Die MINDFUCK-Art ist ein spezielles Überzeugungsmuster, eine Denkrichtung, die in diesem ganz bestimmten MINDFUCK bedient wird. Jeder blockierende Gedanke lässt sich einer der folgenden sieben Arten zuordnen. Die Arten sind wie das Wurzelwerk, das hinter jedem Blockadegedanken steht. Wir müssen sie alle sieben herausreißen, um den Unsinn zu beenden.

Sehen wir uns zunächst die sieben MINDFUCK-Arten im Überblick an. Für unser Coaching reicht es, wenn Sie das Grundprinzip jeder Art verstehen. Ausführlichere Informationen finden Sie im 2. Kapitel meines ersten Buchs zu MINDFUCK.

1. **Katastrophen-**MINDFUCK: Wir machen uns selbst Angst und beschwören mental Katastrophenszenarien herauf.

2. **Bewertungs-**MINDFUCK: Wir messen uns und andere an einem fixen Ideal. Und werten uns und andere dann unangemessen ab oder auf. Im Bewertungs-MINDFUCK suchen wir das sprichwörtliche Haar in der Suppe, bewerten und kritisieren uns in einer Form, die uns unter Druck setzt oder entmutigt.

3. **Selbstverleugnungs-**MINDFUCK: Wir nehmen uns selbst über Gebühr zurück. Die Interessen anderer stellen wir über die eigenen und argumentieren innerlich sogar gegen uns selbst. Selbstverleugnungs-MINDFUCK ist keine Tugend, sondern eine Form von Verrat an uns selbst.

4. **Druckmacher-**MINDFUCK**:** Wir setzen uns unter Druck, beschimpfen und drohen uns, nehmen uns in die Zange und bringen uns und andere mit einer ganzen Palette von Manipulationsmöglichkeiten zum Funktionieren.

5. **Misstrauens-**MINDFUCK: Wir misstrauen in übertriebener Form uns und anderen, vermuten hinter allem Böses und haben ein Faible für Verschwörungstheorien.

6. **Regel-MINDFUCK:** Zeigt sich darin, dass wir uns überholten, teilweise bizarr verrückten Regeln unterwerfen. Wir haben für alles eine gescheite Antwort parat, einmal gefasste Meinungen machen wir in diesem Denkmuster zur Regel oder Lebensweisheit, die nicht mehr hinterfragt wird.

7. **Übermotivations-MINDFUCK:** Wir denken, wir sind gut drauf, in Wirklichkeit aber euphorisieren wir uns in diesem Denkmuster unangemessen. Wir steigern uns in Begeisterungsszenarien hinein, reden Dinge schön und verlieren unsere eigentliche Urteilskraft.

Meist kommen bei einer Selbstblockade mehrere MINDFUCK-Arten zusammen. Sie greifen wie die Zahnräder eines präzisen Uhrwerks ineinander und führen zu mächtigen Emotionen, gegen die wir ohne ein Bewusstsein dafür nur schwer ankommen können. Die MINDFUCK-Arten arbeiten quasi »Hand in Hand« und verstärken sich gegenseitig. Wenn Sie sich zum Beispiel aus Angst vor dem Verlust Ihres Arbeitsplatzes selbst Druck machen, wird gleichzeitig Ihre Neigung größer, Ihre Leistungen noch kritischer zu bewerten, daraufhin noch mehr Angst und Stress zu erleben und den Druck noch weiter zu erhöhen. So entsteht der berühmte Teufelskreis oder das Hamsterrad, aus dem wir ohne Wissen über MINDFUCK nur schwer entkommen können.

Grundlagentraining: Finde die MINDFUCKs!

Um Ihr Gespür für MINDFUCK-Dialoge zu sensibilisieren, stelle ich Ihnen eine Reihe von »inneren Dialogen« vor. Finden Sie heraus, ob ein MINDFUCK vorliegt, und wenn ja, welche Art oder welche Arten im Spiel sind.
Ein kleiner Tipp: Bei vier Beispielen handelt es sich nicht um MINDFUCK, sondern um eine reife, erwachsene Haltung, die eine gesunde Selbstfürsorge, aber keinen MINDFUCK anzeigt. Die Auflösungen finden Sie im Lösungsteil hinten.

1) »Du kannst den Chef jetzt doch nicht ernsthaft um mehr Gehalt bitten. Der reißt dir doch den Kopf ab. Und wenn er nein sagt, wie stehst du dann da? Bloß nicht! Lieber warten, bis er es von selbst anbietet. Man will sich ja auch nicht aufdrängen!«

Mindfuck ja oder nein? ______

Welcher Mindfuck? KSRD ______

2) »Ein Buch schreiben? Wer bin ich eigentlich, dass ich mir das einbilde? Da gibt es weit Klügere, die was zu sagen haben!«

Mindfuck ja oder nein? ______

Welcher Mindfuck? ______

3) »Ich würde diesen Menschen gerne kennenlernen. Aber ich trau mich nicht. Bin einfach zu schüchtern. Und was, wenn er blöd reagiert? Ich lass es lieber sein.«

Mindfuck ja oder nein? ______

Welcher Mindfuck? ______

4) »Wenn ich jetzt was Falsches sage, blamiere ich mich bis auf die Knochen. Man sollte sich nur zu Wort melden, wenn man sich wirklich ganz sicher ist, dass es stimmt.«

Mindfuck ja oder nein? ______

Welcher Mindfuck? ______

5) »Er hat mir Blumen geschenkt. Macht er sonst nie. Wenn ein Mann Blumen schenkt, hat er was ausgefressen. Ob er mich betrogen hat? Darüber würde ich niemals hinwegkommen.«

Mindfuck ja oder nein?______________________________

Welcher Mindfuck?______________________________

6) »Sie will nicht, dass ich mit meinen Kumpels in den Urlaub fahre. Sie macht sich Sorgen, dass wir da alle nur einen draufmachen und unsere Frauen betrügen. Ich versteh sie ja, obwohl wir das nicht machen würden. Und ich liebe sie und sollte auf sie zugehen. Ich versteh nicht, warum ich trotzdem fahren möchte. Muss wohl MINDFUCK sein, dass ich da unbedingt mitfahren will.«

Mindfuck ja oder nein?______________________________

Welcher Mindfuck?______________________________

7) »Ich habe seit drei Jahren keinen Urlaub gemacht. Müsste dringend mal raus aus dem Alltag. Aber als Firmeninhaber kann ich doch nicht einfach in den Urlaub fahren. Was sollen die Mitarbeiter denken? Du machst ständig Druck, und dann willst du es dir im Urlaub gemütlich machen? Auf keinen Fall!«

Mindfuck ja oder nein?______________________________

Welcher Mindfuck?______________________________

8) »Der Kunde am Telefon beschimpft mich jetzt seit mehreren Minuten. Ich kann verstehen, dass er nicht zufrieden ist, und habe mich schon mehrmals entschuldigt. Ich habe aber den Eindruck, hier noch mehr abzubekommen als die Sache, um die es eigentlich geht. Ich glaube, es ist an der Zeit, das Gespräch zu beenden und einen Termin für ein weiteres Telefonat anzubieten, wenn sich die Gemüter etwas beruhigt haben. Und ich gehe nach dem Gespräch erst einmal eine Runde um den Block.«

Mindfuck ja oder nein? ______________________________

Welcher Mindfuck? __________________________________

9) »Meine Ex-Frau hat mich mit den Kindern in der Hand. Ich kann den Kindern meine neue Freundin nicht vorstellen, wenn sie es verbietet. Entweder ich mache, was sie will, oder ich bekomme die Kinder nicht mehr zu Gesicht. Ich habe keine andere Wahl.«

Mindfuck ja oder nein? ______________________________

Welcher Mindfuck? __________________________________

10) »Wow! So viel Geld auf dem Konto! Na, wenn das mal gutgeht. Du hast doch noch nie einen Cent halten können. Mal sehen, wie du die Kohle jetzt wieder verschleuderst. Aus dir wird nie was, du Versager.«

Mindfuck ja oder nein? ______________________________

Welcher Mindfuck? __________________________________

11) »Ich kann mich einfach nicht verkaufen. Ich kann das einfach nicht. Ich bin zu gut dafür. Kann andere nicht über den Tisch ziehen. Zum Verkaufen muss man anderen was einreden, was sie gar nicht brauchen. Und sich mordsmäßig selbst darstellen. Ich mach das nicht.«

Mindfuck ja oder nein? ______________________________

Welcher Mindfuck? __________________________________

12) »Wenn du jetzt nicht sofort nachgibst, wirst du dein blaues Wunder erleben. Und er hat ja recht mit allem, was er sagt, du bist einfach zu dumm und zu feige, dein Leben selbst in die Hand zu nehmen. Du brauchst seinen Rat und musst dich daran halten, wenn du nicht im Dreck landen willst.«

Mindfuck ja oder nein? ______________________________

Welcher Mindfuck? __________________________________

13) »Leisten kann ich mir das eigentlich nicht. Aber was macht das schon! Einmal ist keinmal! Und schließlich bist du immer aus den Schulden wieder rausgekommen. Vielleicht kannst du ja wieder jemanden anpumpen. Irgendjemand wird dir schon helfen.«

Mindfuck ja oder nein? ______________________________

Welcher Mindfuck? __________________________________

14) »Diese Banker sind doch alle Verbrecher! Ich zieh mich für das Gespräch schon mal warm an. Der will mir doch nur was verkaufen. Mit mir nicht. Ich werde dem zeigen, wer hier mehr Ahnung von Finanzen hat.«

Mindfuck ja oder nein? ______________________________

Welcher Mindfuck? __________________________________

15) »In deinem Alter findet man keinen Mann mehr. Das kannst du vergessen. Die nehmen alle nur Jüngere, und du bleibst sitzen. Einsam und allein. Es hat gar keinen Sinn, etwas anderes zu glauben. Enttäuschung vorprogrammiert. Besser gar nicht mehr daran glauben.«

Mindfuck ja oder nein? ______________________________

Welcher Mindfuck? __________________________________

16) »Auf die Party kann ich mit diesem dicken Hintern keinesfalls gehen. Die starren mich ja alle an. Sieht doch jeder, wie viel ich über Weihnachten zugenommen habe. Ich bleib lieber zu Hause.«

Mindfuck ja oder nein? ______________________________

Welcher Mindfuck? __________________________________

17) »Wie kannst du nur so egoistisch sein und allein mit einer Freundin in den Urlaub fahren wollen? Er hat völlig recht. Gemein und egoistisch ist das, ihn mit den Kindern allein zu lassen. Wie kann ich mir diesen ätzenden Egoismus nur abgewöhnen? Ich bin wohl wirklich ein schlechter Mensch, und er hat recht, wenn er sauer ist.«

Mindfuck ja oder nein? ______________________

Welcher Mindfuck? ________________________

18) »Das ist jetzt schon das dritte neue Muttermal in wenigen Wochen. Ich habe gelesen, dass man das untersuchen lassen sollte. Ich mache einfach einmal einen Termin beim Hausarzt.«

Mindfuck ja oder nein? ______________________

Welcher Mindfuck? ________________________

19) »Mehr als zwei Infekte innerhalb weniger Wochen! Wenn das mal kein böses Omen ist. Der Kollegin ging es auch so, bevor die Krebsdiagnose kam. Was mache ich nur, wenn ich Krebs habe?«

Mindfuck ja oder nein? ______________________

Welcher Mindfuck? ________________________

20) »Es ist ganz schön mutig von mir, mich jetzt selbständig zu machen. Aber ich habe alles genau überlegt, habe gut geplant, und wenn ich ehrlich bin, weiß ich, dass ich eine Chance habe. Vielleicht könnte ich noch einen Plan B ausarbeiten, um mich noch ein wenig sicherer zu fühlen.«

Mindfuck ja oder nein? ______________________

Welcher Mindfuck? ________________________

21) »Vertrauen ist gut, Kontrolle ist besser. Mitarbeiter sind doch nur darauf aus, einen zu betrügen. Wenn die Katze aus dem Haus ist, tanzen die Mäuse. Da ist schon was dran. Ich werde die Überwachungskameras installieren lassen und vom Urlaub aus regelmäßige Kontrollanrufe starten.«

Mindfuck ja oder nein? ______________________

Welcher Mindfuck? ________________________

22) »Jetzt geht es uns in diesem Land schon seit so vielen Jahrzehnten gut. Das kann ja nicht mehr länger gutgehen. Da wird wohl bald was Schlimmes passieren. Besser ich investiere jetzt nicht weiter, sondern warte mal ab und wappne mich gleich für schlechte Zeiten.«

Mindfuck ja oder nein? ______________________

Welcher Mindfuck? ________________________

23) »O Gott, die Frau vom Chef! Jetzt darf ich aber keinen Fehler machen. Die macht mich fertig, wenn ich was falsch mache. Wie komme ich nur raus aus der Situation? Hilfe!«

Mindfuck ja oder nein? ______________________________

Welcher Mindfuck? __________________________________

24) »Ich würde mir jetzt gerne noch das Tiramisu zum Nachtisch bestellen. Aber was sollen da die anderen denken? Ich habe doch schon genug auf den Hüften. Die denken sich bestimmt, ich habe mich nicht im Griff. Ich lass es lieber mal.«

Mindfuck ja oder nein? ______________________________

Welcher Mindfuck? __________________________________

25) »Es wäre schon verführerisch, noch ein drittes Glas Wein zu bestellen. Aber wenn ich daran denke, wie es mir dann morgen geht, lasse ich es lieber.«

Mindfuck ja oder nein? ______________________________

Welcher Mindfuck? __________________________________

Das Wissen um die sieben MINDFUCK-Arten können Sie wie einen imaginären Setzkasten nutzen. Jeder Gedanke, der Sie verdächtig an MINDFUCK erinnert, lässt sich in ein passendes Fach ordnen.
Doch eines sollten Sie auf jeden Fall beachten: Nicht jeder Gedanke, der etwas mit Regeln, Misstrauen, Bewertung oder Angst etc. zu tun hat, ist gleich ein MINDFUCK. Manchmal sind Regeln gut, manchmal ist Misstrauen angebracht, ein ehrliches Qualitätsbewusstsein ist noch kein Bewertungs-MINDFUCK.
Es lohnt sich, genau hinzusehen, wann ein Gedanke blockierend oder sogar destruktiv ist und wann er absolut legitim und wichtig ist.

Grundlagentraining: Ein Gespür für echte MINDFUCKs entwickeln

Um völlig sicher zu sein, dass Sie nicht konstruktive Gedanken für MINDFUCK halten, nur weil es inhaltliche Ähnlichkeiten mit den sieben MINDFUCK-Arten gibt, sollten Sie die sprachlichen Formulierungen und die Gefühle und Folgen der Gedanken mit einbeziehen. Nur diejenigen Gedanken, die eine Störung in der Beziehung zu uns selbst anzeigen, die zu schlechten oder unangemessenen Gefühlen und zu Blockaden oder unsinnigen Verhaltensweisen und Handlungen führen, sind MINDFUCK. Eine Störung in der Beziehung zu uns selbst erkennen wir daran, dass wir unangemessen mit uns selbst reden. Dass wir uns beispielsweise herunterputzen, scharf kritisieren, unter Druck setzen oder jammern, uns hilflos, trotzig oder überfordert geben. Im einen Fall sprechen wir wie ein strenger Elternteil mit uns selbst, im anderen Fall verhalten wir uns innerlich wie ein überfordertes, trotziges oder hilfloses Kind. In beiden Fällen, die MINDFUCK anzeigen, sind wir nicht in dem Zustand, den wir als selbstwirksames balanciertes Erwachsenen-Ich bezeichnen können. Das aber ist der Zustand, den wir brauchen, wenn wir in unserem vollen psychischen, geistigen und emotionalen Potenzial sein wollen.

Lassen Sie uns also ein tieferes Gespür für echte MINDFUCKs gewinnen. Ich gebe Ihnen ein paar Beispiele, und Sie entscheiden: Was davon ist MINDFUCK?

Fall 1: Frühaufsteher

Herr Müller sagt zu sich selbst:
»Ich stehe morgens immer gern um sechs Uhr auf, um noch genug Zeit für ein ruhiges Frühstück und die Vorbereitung auf den Tag zu haben.«
MINDFUCK? Ja oder nein? Warum?

____

____

Herr Meier sagt zu sich selbst:
»Wenn du morgens nicht um sechs aus dem Bett kommst, vergammelst du den halben Tag, du faule S*. Früher Vogel fängt den Wurm!«
MINDFUCK? Ja oder nein? Warum?

____

____

Fällt Ihnen der Unterschied auf? Es geht beide Male ums Aufstehen um sechs Uhr. Die Haltung von Herrn Müller ist selbstbewusst, klar und konstruktiv und zeigt, dass sich ein erwachsener Mensch in seiner Entscheidung, früh aufzustehen, um seine Lebensqualität und Selbstwirksamkeit kümmert. Im anderen Fall traktiert sich Herr Meier wie eine fremde Person oder einen »ungezogenen« Jugendlichen. Er wertet sich ab, setzt sich unter Druck, droht mit negativen Konsequenzen und führt ungeprüfte, völlig überalterte Sinnsprüche als »Argument« dazu an.
Wer von beiden wird um sechs Uhr lieber aufstehen? Wer wird mehr Energie für einen guten Start in den Tag mitbringen?

Die Entscheidung, um sechs aufzustehen, hat also für sich genommen noch nichts mit MINDFUCK zu tun. Zu MINDFUCK gehört eine bestimmte Haltung, mit der ich mich zu einer Handlung motiviere. Entscheide ich als freier, erwachsener Mensch, oder »prügele« ich mich wie einen Sklaven selbst dazu?

Fall 2: Stress im Büro

Frau Müller im Büro

»Keiner nimmt mich ernst hier. Ich habe eigentlich gar keine richtige Chance hier. Niemand hält sich an meine Terminvorgaben, und am Ende bin ich schuld. Alle wollen mich nur ausbremsen. Und wenn ich deshalb meinen Job verliere, was dann? Aber was mach ich dann? Ohne Job? Ohne Geld?«

MINDFUCK? Ja oder nein? Warum? Warum nicht?

Frau Meier im Büro

»Ich habe den Eindruck, dass zu wenige Leute im Team auf meine Terminvorgaben reagieren. Jetzt ist wirklich Handlungsbedarf. Wie könnte ich die Sache angehen? Was kann ich tun, und wer könnte mich eventuell unterstützen, damit das Projekt noch termingerecht abgeschlossen werden kann? Was wäre im Notfall ›Plan B‹?«

MINDFUCK? Ja oder nein? Warum?

Auch hier geht es um die gleiche Sache: Termindruck am Ende eines Projekts. Einmal denkt die Person im MINDFUCK-Modus, einmal im Modus eines selbstwirksamen erwachsenen Menschen.
Welche Unterschiede fallen Ihnen auf?

____

____

Wer geht besser mit sich um? Wer wird wohl zuerst ins Handeln kommen? Frau Müller oder Frau Meier? Wer wird eher eine Lösung finden?

Fall 3: Endlich Sport machen

Herr Müller will Sport machen
»Seit drei Jahren versuche ich mit dem Laufen anzufangen. Ich versteh mich nicht. Warum will das nicht in meinen Kopf, dass das wichtig ist? Warum nehme ich mir das immer wieder vor und mache es dann nicht? Ich habe keine Disziplin. Ich bin wirklich ein Trottel. Eigentlich ist das doch so einfach! Jeder kann laufen. Warum ich nicht? Was muss passieren, damit ich das endlich kapiere? Muss ich erst krank werden? Völlig fertig sein? Bin ich wirklich so ein Hohlkopf?«

MINDFUCK? Ja oder nein? Warum?

____

Herr Meier will Sport machen
»Hm. Seit mehreren Jahren will ich mit dem Laufen anfangen. Aber ich tue es nicht. Irgendetwas stimmt da noch nicht. Ich weiß, dass es mir guttun könnte, aber ich tue es nicht. Jedenfalls nicht regelmäßig. Ich fühle mich zwar gut hinterher, aber das reicht ganz offensichtlich nicht, mich zum Weitermachen zu motivieren. Wie könnte ich herausfinden, was mir hilft anzufangen? Ich könnte mal den Bekannten meiner Freundin fragen, wie er das gemacht hat. Vielleicht hat er ein paar Ideen. Oder gibt es vielleicht sogar Alternativen, die mir leichter fallen würden?«
MINDFUCK? Ja oder nein? Warum?

____

Welche Haltung hat Herr Müller sich selbst gegenüber?

____

____

Welche Haltung hat Herr Meier sich selbst gegenüber?

____

____

Erkennungszeichen von MINDFUCK

Fassen wir noch einmal zusammen: Ein wichtiges Erkennungszeichen von MINDFUCK ist, dass wir uns selbst gegenüber eine kritische, anklagende, abwertende und insgesamt strenge oder eine angeblich hilflose, jammernde, andere beschuldigende Haltung einnehmen. Auffällig sind häufige Du-Formulierungen uns selbst gegenüber: »Du Depp, das hättest du nicht tun dürfen« ist ein typischer innerer MINDFUCK-Dialog. Er zeigt an, dass wir wie ein strafender, bewertender Elternteil mit uns selbst sprechen.

Die unangemessene innere Haltung im MINDFUCK-Modus ist mit bestimmten sprachlichen Eigenheiten verbunden. Wir drohen uns mit »Wenn-dann«-Formulierungen oder nehmen uns mit »Entweder-oder«-Konstruktionen in die Zange. Beide Formulierungen zeigen etwas für MINDFUCK ganz Typisches an: bipolare Denkmuster, die sich in der Konstruktion von Gegensätzen zeigen: schwarz – weiß, gut – böse, oben – unten, richtig – falsch.

Ein sicheres Indiz für MINDFUCK: Schlechte Gefühle

Ein weiteres sicheres Indiz für MINDFUCK sind die Gefühle und Folgen, die er in Ihrem Leben auslöst. Blockierende Gedanken lösen schlechte Gefühle aus. Unsicherheit, Aggression, Schwäche, Hilflosigkeit, manchmal auch nur eine Leere, die sich eigenartig anfühlt. Im Übermotivations-MINDFUCK kommt eine unechte Euphorie dazu, die keine Substanz hat und sich wie ein Strohfeuer anfühlt. Sie können den Gefühlstest in die eine oder andere Richtung machen. Sobald schlechte oder unangemessene Gefühle ins Spiel kommen, können Sie sich fragen, was Sie unmittelbar davor gedacht haben. Sie können aber auch probehalber einen für Sie selbst typischen MINDFUCK denken und sich zum Beispiel innerlich in Rage reden und dann bewusst »nachspüren«, wie sich das anfühlt. Nehmen Sie sich dazu einfach Ihre Liste zu den Situationen, die Sie am liebsten meiden oder in denen Sie kopflos agieren.

Manchmal können Sie das Gefühl, das ein MINDFUCK auslöst, direkt im Körper lokalisieren. Viele sprechen von Druck in der Magengegend, bei chronischen MINDFUCKs kommen Rückenschmerzen oder verkrampfte Muskeln im Nacken hinzu. Manchmal sticht es, manchmal pulsiert es, mal flattert es in der Bauchgegend, manchmal ist es einfach ein dumpfes Unwohlsein, das durch einen MINDFUCK ausgelöst wird und sich für einen erfahrenen MINDFUCK-Coach bei Klienten von außen direkt beobachten lässt.

Unabhängig davon, in welche Art von Gefühlen wir im MINDFUCK abdriften: Wir verlieren in all diesen Zuständen den Kontakt zu uns selbst, oder wir verstricken uns im Gegenteil darin, destruktiv um uns selbst herumzukreisen. Wird diese Art zu denken chronisch, dann verwechseln wir die Folgen des MINDFUCKs und denken, diese selbstproduzierten Blockaden seien »typisch« für uns. Was wir aber über uns denken, das füllen wir in der Regel aus wie ein hervorragender Schauspieler seine Paraderolle. Wir werden zum Beispiel zum ewigen Zweifler und Sorgenmacher oder zum chronischen Ja- bzw. Neinsager. Und dabei ist es nur MINDFUCK.

Aber vielleicht hat das alles in diesem Extrem der eben angesprochenen Kontaktstörungen gar nichts mit Ihnen zu tun. Lust auf einen kleinen Selbsttest?

Zweifler und Sorgenmacher: Um sich selbst kreisen

Wenn Sie dazu neigen, sich ständig die Frage zu stellen, wie Sie sich verhalten oder verhalten sollten, werden Sie in der Kommunikation mit anderen wahrscheinlich tatsächlich sehr verhalten, schüchtern, unecht und nicht besonders präsent wirken. Der Kontakt mit anderen Menschen ist dann für Sie anstrengend und führt Sie immer wieder in unangenehme Situationen. Bühnenangst, Smalltalk-Angst, Erschöpfung nach Kontakt mit Menschen und sehr viele andere im weitesten Sinne soziale Ängste hängen mit der Neigung zusammen, eigenes und fremdes Verhalten stark zu bewerten, darüber nachzugrübeln und häufig mit Absicherungsstrategien beschäftigt zu sein, um »ja nichts falsch zu machen«.
Verbunden mit Katastrophen-MINDFUCK, drückt sich die Neigung zum Zweifeln und Sorgenmachen in Hypochondrie aus, also dem ängstlichen Beobachten des eigenen Körpers und seiner Reaktionen. Ich beobachte jedoch auch häufig eine Art Gefühlshypochondrie, in der jeder Gefühlszustand einer kritischen und ängstlichen Bewertung unterzogen wird. Das Um-sich-selbst-Kreisen führt meist zu Rückzug, Isolation und Einsamkeit. Die Selbstwirksamkeit ist dann stark eingeschränkt. Menschen, die davon betroffen sind, neigen dazu, zwischen Selbstkritik und übertriebener Selbstfürsorge hin und her zu wechseln. Sie behandeln sich selbst wie ein einmal ängstlicher, einmal kritisierender, einmal überfürsorglicher Elternteil und nehmen und pflegen das für MINDFUCK typische Art Eltern-Kind-Verhältnis zu sich selbst. Die gute Nachricht: Die drei Schritte der Selbstbefreiung von MINDFUCK wirken hier erfahrungsgemäß schnell und gut und entfalten eine Wirkung, als ob nach Jahren des inneren Muffs ein Fenster aufgestoßen würde.

Ja- oder Neinsager: Den Kontakt zu sich selbst verlieren

Menschen, die den Kontakt zu sich und ihren Gefühlen, Wünschen und Bedürfnissen verlieren, verfolgen innerlich vorbewusst die gegenteilige Strategie. Sie sind so sehr mit den möglichen Erwartungen und Wünschen ihrer Außenwelt beschäftigt, dass sie sich entweder im Selbstverleugnungs-MINDFUCK anpassen und typische »Jasager« werden oder im Misstrauens-MINDFUCK grundsätzlich »Nein« sagen. Dieses Phänomen wird im Coaching als sogenanntes Mismatching bezeichnet (in *MINDFUCK I* habe ich es näher beschrieben). In beiden Fällen macht ein Mensch sein Verhalten von den angenommenen Erwartungen oder angeblichen Absichten anderer abhängig. Der Bezugspunkt für das eigene Denken und Handeln liegt im Außen und findet keine Anbindung an die eigenen Absichten. Wie in allen MINDFUCK-Arten wird das Bedürfnis nach Sicherheit und Kontrolle allen anderen Bedürfnissen untergeordnet.

Ob Sie um sich selbst kreisen oder den Kontakt zu sich selbst verloren haben, können Sie am ehesten an Ihrem Innenleben erkennen, wenn Sie sich in für Sie neuen und damit ungewohnten sozialen Situationen befinden. Das sind Situationen, in denen Sie mit fremden Menschen in Kontakt treten oder sich einer größeren Menschenmenge aussetzen müssen. Wie geht es Ihnen, wenn Sie sich in Smalltalk-Situationen mit fremden Menschen befinden? Wie geht es Ihnen, wenn Sie mit sogenannten Autoritäten in Kontakt kommen? Wie empfinden Sie, wenn Sie vor einer Gruppe Ihnen bekannter oder unbekannter Menschen sprechen müssen? Falls Sie sich in jeder dieser Situationen im Normalfall wohl und sicher fühlen, brauchen Sie nicht weiter darüber nachzudenken. Sie stehen dann höchst wahrscheinlich in einem recht guten Kontakt zu sich selbst und können auch angemessen Kontakt zu anderen aufnehmen. Falls nicht, ist interessant, welche MINDFUCKs Sie beschäftigen, wenn Sie den Kontakt zu sich oder zu anderen verlieren. Bitte beachten Sie den grundsätzlichen Unterschied: Beim Kreisen um sich selbst denken Sie hauptsächlich daran, wie Sie sich fühlen könnten oder fühlen werden. Wenn Sie den Kontakt zu sich selbst verlieren, geben Sie Ihre eigenen Gedanken und Gefühle auf und passen sich anderen an.

Selbstcheck: Kontakt zu sich und anderen

Ich neige eher dazu,

um mich selbst zu kreisen.

In sozial herausfordernden Situationen gehen mir folgende Gedanken durch den Kopf

____

____

____

Das sind folgende MINDFUCKs

____

____

____

Ich neige eher dazu,

den Kontakt zu mir selbst zu verlieren.

In sozial herausfordernden Situationen gehen mir folgende Gedanken durch den Kopf

____

____

Das sind folgende MINDFUCKs

____

____

Falls Sie zu denjenigen gehören, die beides kennen: Willkommen im Club! Ich kann auf viele schwierige Jahre zurückblicken, in denen ich vor allem in meinem Privatleben in Begegnungen entweder überangepasst überfreundlich, misstrauisch ablehnend oder um mich selbst kreisend abwesend war. Manchmal hatte ich den Eindruck, geradezu »plemplem« zu sein. Es war eine große Befreiung für mich, die MINDFUCKs in meiner Innenwelt zu erkennen und schließlich mit meinen eigenen Mitteln sehr schnell und effektiv zu überwinden. Heute weiß ich sehr gut, was ich will und brauche, und kann mich öffnen, weil ich jederzeit weiß, wann es Zeit ist, sich angemessen abzugrenzen. Aber fragen Sie nicht, wie viele Tränen, dumme Szenen und Missverständnisse es mich gekostet hat, bis ich so weit war und mir selbst helfen konnte. Die gute Nachricht: Das ist nichts, was man in schwierigen Sitzungen

Daran erkennen Sie MINDFUCK

- Der Gedanke ist inhaltlich einem oder mehreren der sieben MINDFUCK-Arten zuzuordnen.
- Der Gedanke löst schlechte oder unangemessen euphorische Gefühle aus.
- Sie sprechen wie mit einem Kind zu sich selbst – kritisierend, lobend, abwertend oder aus der Kind-Position heraus jammernd, quengelnd, hilflos, abhängig. Häufig sprechen wir uns selbst dann in der Du-Form an: »Das hättest du nicht sagen dürfen, du Idiot.«
- Sie setzen sich mit dem Gedanken unter Druck, werten sich oder andere ab oder stellen sich oder andere auf einen Sockel, stellen Ihre Interessen hinter die anderer, verleugnen sich selbst, argumentieren gegen sich selbst, stellen Regeln auf, die Sie nur blockieren, beschwören Ängste und Katastrophenszenarien herauf, hegen übertriebenes Misstrauen, übermotivieren sich.
- Sie erhöhen mit Wenn-dann- oder Entweder-oder-Konstrukten den Druck.
- Der Gedanke führt zu unangemessenen, manchmal gänzlich »unlogischen« Handlungen oder Verhaltensweisen.
- Das Ergebnis des Gedankens bringt Fehlentscheidungen, Blockierungen, Selbstsabotage Ihrer eigenen Bedürfnisse, Interessen oder Absichten mit sich.
- Sie kreisen in Ihren Gedanken um sich selbst und verlieren den Kontakt zur Außenwelt.
- Sie verlieren den Kontakt zu sich selbst und kreisen stattdessen in Gedanken um die angeblichen Erwartungen oder Absichten der Außenwelt.

analysieren muss. Es erledigt sich von selbst, wenn man in den drei Schritten vorgeht und eine neue, lebendige und selbstwirksame Haltung einnimmt. Ganz Sie selbst im Hier und Jetzt.

Coaching-Part: Die eigene MINDFUCK-Welt erkennen

Nach den Übungen und den ersten Selbstchecks können wir uns auf einer breiteren Ebene Ihren eigenen echten MINDFUCKs zuwenden. Ich lade Sie ein, Ihre aktuelle und persönliche MINDFUCK-Parallelwelt näher zu beleuchten. Bevor wir starten, gebe ich Ihnen noch ein paar wirklich wichtige Hinweise, die Ihnen die Arbeit auf den kommenden Seiten erleichtern werden. Sie können im Laufe der Arbeit in diesem Coaching immer wieder darauf zurückgreifen und sich auch später wieder damit beschäftigen.

Achtung, Wachstumsschmerzen!

Sobald Sie beginnen, sich wirklich in aller Tiefe auf Ihre eigene MINDFUCK-Welt einzulassen und alles aufzuschreiben, was Ihnen dazu einfällt, kann es Ihnen passieren, dass Sie sich zwischendurch nicht sehr gut fühlen. Sie wissen jetzt schon eine Menge über MINDFUCK, und es kann sein, dass Sie beginnen, sich selbst zu kritisieren, sich zu fragen, wie Sie so lange so denken konnten, und vieles mehr. Das ist normal und gehört zu den vollkommen unbedenklichen Begleiterscheinungen. Sie können es mit dem Phänomen der Erstverschlimmerung in der Homöopathie vergleichen. Wenn wir uns bewusst mit MINDFUCK auseinandersetzen, fällt uns vieles wie Schuppen von den Augen, obwohl wir noch mittendrin sind in der alten MINDFUCK-Welt, die wir gerade verlassen wollen. Wir fangen dann an, die Probleme, die wir gerade im Begriff sind zu

lösen, erst einmal nach dem altbekannten Muster selbst zu bewerten, uns dann abzuwerten, zu ärgern oder anderes.
Sie sollten darauf vorbereitet sein und wissen: Auch das ist nur MINDFUCK. Und nein, Sie sind keinesfalls ein hoffnungsloser Fall. Das beste Mittel: Lachen Sie darüber. Machen Sie ab und zu eine Pause, hören Sie Musik, tun Sie etwas, was Sie ablenkt und wieder in bessere Stimmung bringt. Alle Schmerzen, die Sie jetzt erleiden, sind gute Schmerzen. Es sind Wachstumsschmerzen. Sie stellen sich Ihren inneren Gespenstern, werfen Sie aus Ihrem Leben, beweisen damit Mut und Tatkraft und gehen mit einigen Dingen vielleicht zum ersten Mal wirklich eigenständig, ehrlich, offen und selbstwirksam um. Dazu kann man sich nur selbst gratulieren. Nehmen Sie sich Zeit für eine ehrliche Portion Eigenlob!

Wir sammeln nun zunächst alle MINDFUCK-Themen, die Ihnen einfallen. Am besten, Sie gewöhnen sich an, sofort zu notieren, wenn Ihnen irgendwo klar wird, dass Sie ein »Thema« haben, wie man manchmal ein wenig psychologisierend sagt. Ihre MINDFUCK-Welt zeigt auf, an welchen Stellen und mit welchen Mustern Sie sich aktuell selbst sabotieren und Möglichkeiten nehmen. Sie können die Welt, die Sie nun herausarbeiten, mit einem Korken vergleichen, der im Moment noch zwischen Ihnen und dem Leben, das Sie wirklich haben wollen, steckt. Wir werden den Korken im Laufe des Buches gemeinsam sauber und elegant ziehen, und Sie werden in der Lage sein, Ihre Sicht auf Ihre derzeitigen Herausforderungen und Probleme entscheidend zu verändern. In der Regel entstehen dadurch völlig neue Freiräume und eine mächtige, kreative Neugier auf das Leben.

Probleminventur

Meine Bitte an Sie: Lassen Sie sich wirklich ehrlich auf diese Fragen ein und nehmen Sie sich Zeit dafür, diese möglichst vollständig zu beantworten. Ich weiß, dass verlangt Ihnen eine Menge ab. Ich mache diese Art von Probleminventur regelmäßig und weiß genau, dass ich an einem bestimmten Punkt ein unwiderstehliches Verlangen nach dem berühmten Stückchen Schokolade bekomme. Quasi als Übersprungshandlung, weil es einfach so nahgehen kann. Geholfen hat mir persönlich die Geschichte von Till Eulenspiegel, der gesagt haben soll, er laufe lieber bergauf als bergab, weil er sich bei den Anstrengungen des Bergerklimmens schon auf den lockeren Abstieg freue. Ich habe in meinem eigenen Leben wahrlich alle MINDFUCKs kennengelernt, und ich kann Ihnen sagen: Es lohnt sich, sich auf den Abstieg vom Berg zu freuen, auf das eigene Leben in einer neuen Qualität.

1. Probleme, mit denen ich mich derzeit herumschlage

____

____

2. Situationen, in denen ich mich nicht gut fühle

____

____

3. Situationen, in denen ich nicht voll leistungsfähig bin

____

____

4. Was ich mir anders wünsche an mir

5. Was ich mir anders wünsche in meinem Leben

6. Was andere an sich und ihrem Leben verändern sollten, weil es mich ärgert und stört

7. Woran ich denke, wenn ich nachts wach liege und/oder ich mir Sorgen mache

8. Was mich aufregt und/oder aggressiv macht

9. Was mich schwach und / oder ohnmächtig macht

10. Träume, die ich mich nicht zu verwirklichen traue

Vom Problem zum Thema

Nach einer kleinen Verschnaufpause ist es jetzt Zeit, die Antworten, die Sie eben aufgeschrieben haben, zu Themen zu machen. Auf diese Weise gewinnen Sie bereits ein gutes Stück Initiative zurück. Probleme sind einfach wie dicke Brocken, die uns im Weg liegen. Haben wir daraus Themen gemacht, sind Sie plötzlich viel leichter und lassen sich mit Hilfe der weiteren Techniken viel besser bewegen.

Was heißt das nun, Probleme zu Themen zu machen? Versuchen Sie einfach, eine Überschrift zu gewinnen, die das gesamte Thema gut umreißt. Haben Sie zum Beispiel bei den Problemen, mit denen Sie sich herumschlagen, so etwas geantwortet wie: »Ärger mit Paul«, dann geht es jetzt darum, zu konkretisieren, worum es genau geht. Der »Ärger mit Paul« könnte zum Beispiel sein, dass er Ihr Vorgesetzter ist und Sie sich immer wieder klein und dumm fühlen, wenn er von oben herab mit Ihnen diskutiert. Das Thema ist dann: sich irgendwie klein und dumm zu fühlen, wenn jemand von »oben herab« mit Ihnen umgeht. Mit dieser Information kann Ihr wacher, bald in Anti-MINDFUCK geschulter Geist dann schon eine Menge anfangen, wenn Sie so weit sind. Er braucht aber diese Vorarbeit von Ihnen.

Gehen Sie also noch einmal, am besten auf einem separaten Blatt Papier, alles, was Sie zu den vorherigen Fragen aufgeschrieben haben, durch. Machen Sie jetzt konkrete Themen daraus. Es dürfen an dieser Stelle übrigens sowohl situative als auch chronische Themen sein. Das macht nichts, weil wir gerade eine Menge Material sammeln, mit dem wir dann gut arbeiten können.

Notieren Sie jetzt die situativ auftauchenden Themen. Wählen Sie die drei aus, die Ihnen sehr wichtig sind und von denen Sie glauben, dass diese – wenn Sie sie los wären – Ihr Leben entscheidend verbessern würden. Es geht darum, dass Sie ein Gespür für den Lösungsweg bekommen. Dann beherrschen Sie bald »im Schlaf«, wie Sie Problemthemen elegant für sich lösen können. Sie können dann natürlich alle anderen Probleme und daraus abgeleiteten Themen nach Lust und Laune ebenfalls beseitigen.

Thema 1

____

____

____

Thema 2

____

____

____

Thema 3

____

____

____

Gehen Sie jetzt Ihre eben aufgeschriebenen Themen noch einmal durch und prüfen Sie diese auf MINDFUCK hin. Liegt ein MINDFUCK vor? Wenn ja, welcher oder welche?

1. Thema: ____________________________________

Darin enthaltene MINDFUCKs ______________________

2. Thema: ____________________________________

Darin enthaltene MINDFUCKs ______________________

3. Thema: ____________________________________

Darin enthaltene MINDFUCKs ______________________

Welche Gefühle lösen diese MINDFUCKs bei Ihnen aus, wenn Sie sie akut erleben? Gestresst? Unter Druck? Niedergeschlagen? Auf eine falsche Art euphorisiert? Eng und klein?

____

____

Ich frage das nicht, um Sie zu quälen, sondern um Ihnen zu helfen, ein Gefühl für den inneren Zustand zu bekommen, in den Sie geraten, wenn Sie im MINDFUCK-Modus denken. Erinnern Sie sich an das Beispiel mit dem Tanzenlernen? Je besser Ihr Gefühl für Ihre inneren Zustände und die dazugehörigen Gedanken ist, desto leichter wird es Ihnen fallen, intuitiv Veränderungen einzuführen.

Wenn Sie Lust haben, untersuchen Sie noch weitere Themen, die aus den elf Problemfragen herausgearbeitet werden können, auf MINDFUCK hin.

Wieder ein Stück vorangekommen. Was Sie gerade tun, ist schwere Arbeit. Stellen Sie sich vor, Sie stehen in einem Keller, der mit Gerümpel überladen ist. Ich bitte Sie gerade, sich den Keller, den Sie verständlicherweise lieber meiden, im Detail anzusehen. Was schlummert da in welcher Kiste? Welcher Müll liegt da noch in Ihrem Leben herum? Das ist eine Arbeit, mit der man sich im übertragenen Sinne mental erst einmal die Hände schmutzig macht. Aber haben Sie schon einmal das Gefühl erlebt, das aufkommt, wenn man wirklich ausgemistet hat? Wenn alles aufgeräumt und klar ist? Sie machen das gerade für sich und Ihre gesamte Lebensqualität. Da ist wieder eine Portion Stolz auf sich selbst genau richtig. Sie packen gerade die Themen und Probleme an, um die es wirklich geht. Sinnvoller können gemischte Gefühle nicht investiert sein.

Lassen Sie uns nun mehr Klarheit in die Sache bringen.

Gibt es eine MINDFUCK-Art, die besonders häufig auftaucht? Wenn ja, welche:

Welches Grundgefühl schafft dieser MINDFUCK in Ihrem Leben? Auf einer Skala von 0–10: Wie gut kennen Sie dieses Gefühl in Ihrem Leben? Welche Körperhaltung nehmen Sie ein, wenn Sie dieses Gefühl haben?

____

____

____

Das Gute daran: Es ist nur MINDFUCK! Sie können jederzeit heraus und sich anders fühlen. Je häufiger Sie das erlebt haben, desto leichter fällt es Ihnen. Irgendwann werden Sie automatisch sofort überprüfen, in welchem Denkmodus Sie sind, wenn schlechte Gefühle aufkommen.

Wenden wir uns nun noch zur Sicherheit den MINDFUCKs zu, die Ihnen von außen mitgegeben werden. Auch sie sollten wir nach und nach aus unserem Leben werfen. Beherzt und mit einem befreiten Lachen. Sie sind ein erwachsener, eigenständiger Mensch. Wenn Sie wach sind, kann Ihnen niemand Probleme oder Änderungswünsche einreden, die Sie selbst eigentlich gar nicht haben. Lassen Sie sich überraschen, wie schnell sich Ihr Keller bereits mit diesen Themen selbst entrümpelt.

Gibt es MINDFUCKs, bei denen Sie den Verdacht haben, dass sie zum Sonderfall der von anderen aufgetragenen MINDFUCKs gehören – Ihnen also jemand in Ihrer Vergangenheit oder in der Gegenwart durch Ratschläge, Vorwürfe und Tipps »nahelegt«, in welchen Punkten Sie sich dringend verändern müssen? Wenn ja, prüfen Sie diese Ratschläge, Vorwürfe und Tipps bitte auf MINDFUCK hin.

Das soll ich aus der Sicht anderer verändern:

____

____

MINDFUCK ja oder nein ________________________

Welcher MINDFUCK? ___________________________

Jetzt müssten Sie bereits ein erstes gutes Gespür für MINDFUCK und Ihre persönlichen MINDFUCKs entwickelt haben. Wahrscheinlich können Sie gar nicht anders, als in den nächsten Tagen und Wochen überall MINDFUCKs zu entdecken und in Aktion zu beobachten. Das ist hilfreich und geht Ihnen irgendwann in Fleisch und Blut über. Sie merken dann sofort, wenn Sie selbst oder andere Menschen im MINDFUCK-Modus sind, und können gegensteuern. Und noch eine gute Nachricht: Einer der herausforderndsten Parts unseres Coachings liegt bereits hinter Ihnen.

Zweiter Schritt: Ins Erwachsenen-Ich gehen

Kommen wir jetzt zu Schritt 2. Ich behaupte, dass dieser Schritt die wichtigste Selbstmanagement-Fähigkeit Ihres Lebens ist. Ihre innere Haltung zu erkennen und zu verändern ist der Schlüssel zu allen Arten von Selbstwirksamkeit und hilft Ihnen, allen Herausforderungen des Lebens klar und in innerlich guter Form zu begegnen. Egal wie zerknirscht und energielos Sie sich vielleicht fühlen mögen.

Innere Zustände erkennen

Jeder Mensch kann jederzeit innerlich in den Zustand des Kind-Ichs, des Eltern-Ichs oder des Erwachsenen-Ichs gehen. Ich habe bereits an einigen Stellen darauf hingewiesen. Innerhalb dieses Dreiecks, das ich das Coaching-Dreieck nenne, bilden das Kind-Ich und das Eltern-Ich die Basis, das Erwachsenen-Ich die Spitze. Es steht ganz bewusst an der Spitze, denn da wollen wir schließlich hin. Und zwar immer öfter. Irgendwann sogar ganz. Warum?

Der Erwachsenen-Zustand ist der einzige, in dem Sie Ihr Leben wirklich in die Hand nehmen können. Er ist der Schlüssel zu Ihrem Potenzial und seiner Verwirklichung. Ohne diesen sind Sie etwa so wirksam wie ein Wagen, der mit angezogener Handbremse fährt. Sie wissen dann vielleicht theoretisch, wie Sie sich verhalten wollen und wie es sein müsste, aber Sie tun es nicht. Denn unterhalb des Erwachsenen-Ichs treten wir ein in eine MINDFUCK-Welt und haben nichts mehr im Griff – egal wie gut unser theoretisches Wissen über eine Situation auch sein mag. Ein tieferes Verständnis dieser Zusammenhänge ist sehr nützlich für unsere Arbeit. Wir sehen uns das Coaching-Dreieck deshalb genauer an.

*Das Coaching-Dreieck**

Im MINDFUCK-Modus fühlen wir uns entweder kindlich hilflos, aggressiv oder trotzig, oder wir treten uns selbst gegenüber als strafende, bewertende Eltern auf. Der innere Dialog in uns selbst verläuft asymmetrisch. Er bildet eine Oben-unten-Hierarchie ab. Wie es auch ist: Wir behandeln uns selbst nicht erwachsen. Der eine Teil in uns agiert ohnmächtig, trotzig oder

* Das Coaching-Dreieck ist ein wichtiges methodisches Arbeitsinstrument an der Dr. Bock Coaching Akademie in Berlin. Es erinnert an das Transaktionsdreieck aus der Transaktionsanalyse, wird im Coaching aber anders verwendet. Ich bin der Auffassung, dass so gut wie jedes Problem oder Thema, das erwachsene Menschen als Blockade empfinden, seinen Ursprung darin hat, dass ein Mensch noch keinen angemessenen Umgang aus dem Erwachsenen-Ich heraus damit gefunden hat. Er oder sie rutscht quasi in einen Kind-Ich- oder Eltern-Ich-Zustand ab, aus dem heraus sich kein angemessener Umgang finden lässt.

aggressiv, der andere bewertet, macht Druck oder geht in eine überbehütende Fürsorglichkeit. Alle diese Zustände lassen uns verkrampfen, machen uns eng und führen uns weg von unserem Potenzial. Wir sehen deshalb viel weniger Möglichkeiten, als wir in einem balancierten Erwachsenen-Zustand sehen würden.
Sie können MINDFUCK im Schnelltest immer daran prüfen, ob sie sich bei einem Gedanken oder einer Situation wie ein balancierter, selbstwirksamer erwachsener Mensch fühlen oder nicht. Immer wenn Sie MINDFUCK betreiben, sind Sie im inneren Zustand des Kind-Ichs oder Eltern-Ichs oder wechseln zwischen beiden Positionen hin und her. Im Erwachsenen-Ich ist MINDFUCK nicht möglich. Ziel ist also, sich immer häufiger »oberhalb« der Wasserlinie zu bewegen und immer öfter im Zustand und der Haltung des selbstwirksamen Erwachsenen zu sein.

In die Parallelwelt unserer MINDFUCKs tauchen wir immer dann ab, wenn wir noch keine andere Wahl zu haben scheinen. In Wirklichkeit haben wir aber in jeder Lebenssituation die Wahl, ins Erwachsenen-Ich zu gehen und keinen MINDFUCK mehr zu betreiben.
Wir sind immer dann auf der richtigen Spur, wenn wir uns selbst im Erwachsenen-Ich aufhalten. Alle Probleme, die wir mit MINDFUCK haben, zeigen an, dass wir auf die unteren Ebenen abgerutscht sind.

Sehen wir uns an, wo wir uns befinden, wenn wir nicht in unserem selbstwirksamen und balancierten Erwachsenen-Ich sind.

Kind-Ich 1: Hilflos, überfordert, schreit nach Mama

Ganz klar: Wir fühlen und benehmen uns, als seien wir hilflose und überforderte Kinder. Wir schreien im übertragenen Sinne nach Mama und Papa, machen uns selbst und anderen echte »Szenen«. Manchmal hilft dann jemand, manchmal auch nicht. In jedem Fall haben wir das Heft des Handelns aus der Hand gegeben und stellen uns hilfsbedürftig.

Kind-Ich 2: Gehorcht, macht sich klein, hat Angst, funktioniert

Eine weitere Strategie aus der Kind-Ich-Haltung besteht darin, sich unterzuordnen, kleinzumachen, andere »anzuschleimen« und auf Teufel komm raus »gut Wetter« zu machen, obwohl das eigentlich nicht angemessen ist. Diese Haltung ist unangenehm, gibt uns aber innerlich die Illusion von Sicherheit. Die Hoffnung ist: Wer brav ist, wird verschont. Und muss kein Risiko eingehen. Der Preis: seine eigene Würde und sein Selbstwertgefühl mit Füßen treten. Keine Spur von Selbstwirksamkeit.

Kind-Ich 3: Trotzig, aggressiv, frech, beleidigt

Passiert häufiger als gedacht und wird oft mit »Selbstbehauptung« verwechselt. Trotzig aggressives Auftreten ist aber kein Akt von Selbstbehauptung oder Selbstbewusstsein, sondern selbstvergessenes Abrutschen in Kind-Ich-Zustände. Das gilt im Beruf ebenso wie im Privatleben und kommt häufiger vor, als man glauben möchte. In der Regel bringt es andere, die ebenfalls auf die unteren Ebenen rutschten, zum Funktionieren. Oder es lässt Konflikte noch weiter eskalieren. Keine gute Idee.

Eltern-Ich 1: Strafend, bewertend, von oben herab, auch Schuldgefühle einredend

Ein Klassiker in der MINDFUCK-Welt. Ein Überbleibsel von Missverständnissen aus unserer eigenen Kindheit oder ein Fossil aus längst vergangenen Zeiten, als die Rute noch Erziehungsmittel war. Auf sich selbst angewendet, ist das strafend-bewertende Eltern-Ich ein Garant für wirklich schlechte Gefühle und die Einladung, mit dem anderen Teil unserer selbst ins Kind-Ich zu gehen.

Eltern-Ich 2: Überbehütend, übernehmend, »pampernd«

Die andere, ebenso extreme Variante der inneren Fehlsteuerung: sich alles »durchgehen« lassen, keinerlei Maß mehr kennen, sich selbst und das, was man durchaus ernst nehmen sollte, vergessen.

Wenn wir uns klar, stabil und wirksam fühlen, sind wir in unserem Erwachsenen-Ich. Das Geheimnis: Selbst wenn wir es nicht sind, können wir so tun, als ob. Denken Sie darüber nach und probieren Sie es aus. Es wird funktionieren. Selbst wenn Sie mit einem Alptraum Ihres Lebens konfrontiert werden. Sie können in Ihr inneres Erwachsenen-Ich gehen und so tun, als ob Sie klar, stabil und wirksam wären. Die Chance, dass Sie sich besser verhalten als jemals zuvor, steigt extrem an. Es lohnt sich deshalb sehr, noch tieferes Wissen und größere Fähigkeiten darin zu erwerben, jederzeit ins Erwachsenen-Ich zu gehen.

Rein ins Erwachsenen-Ich!

Aus meiner Erfahrung kann jeder erwachsene Mensch sehr einfach, klar und schnell in den innerlich erwachsenen Zustand wechseln. Ich stelle meinen Klienten in Coachings häufig die Frage, wie sie das Thema, das sie gerade so beschäftigt, sehen würden, wenn sie es voll und ganz aus der Perspektive des gestandenen Erwachsenen betrachten würden, der sie ja sind.
Viele Menschen haben zum Beispiel Schwierigkeiten, anderen eine Absage zu erteilen. Angenommen, Sie müssten Bewerbern sagen, dass sie trotz Einsendung der Unterlagen nicht ins Vorstellungsgespräch eingeladen werden. Für viele ist das eine sehr

herausfordernde Vorstellung. Sie versetzen sich innerlich in die Lage ihres Gegenübers und haben dann Schuldgefühle, weil sie keine guten Nachrichten bringen. Sie stellen sich vor, wie schlimm dieser Anruf für den anderen wohl sein muss und was es alles an Negativem nach sich ziehen könnte. Das alles ist natürlich ausgemachter MINDFUCK und zeigt, dass wir den Bewerbern gegenüber entweder im fürsorglichen Eltern-Ich sind (»Ich kann dem armen Jungen, dem armen Mädchen jetzt doch nicht so eine schlimme Nachricht bringen«) oder im Kind-Ich sind und uns schämen, weil wir die angeblichen Erwartungen unseres Gegenübers nicht erfüllen (»Jetzt wird er/sie sicher enttäuscht sein und denken, ich sei schuld«).

Wenn ich Menschen bitte, genau in dieser Lage voll und ganz in ihr selbstwirksames Erwachsenen-Ich zu gehen, werden sie plötzlich ruhig und klar. »Natürlich kann ich einem anderen erwachsenen Menschen sagen, dass es mit der Bewerbung nicht geklappt hat.« Wenn ich nachfrage, warum das aus der neuen inneren Haltung plötzlich vorstellbar ist, antworten mir Klienten Folgendes: »Der andere ist auch erwachsen und kann damit umgehen. Es ist sicher keine schöne Nachricht. Aber wer bekommt und erwartet im Leben nur schöne Nachrichten? Es ist nun einmal, wie es ist, und damit kann man klarkommen, selbst wenn es in den ersten Momenten schwierig ist und ein wenig dauert.«

Ganz genau. Lösungen dieser Art entwickeln wir automatisch, wenn wir in unserem Erwachsenen-Ich sind. Wir müssen dazu kein eigenes Kommunikationsseminar für schwierige Gespräche besuchen. Einfach ins Erwachsenen-Ich gehen und mit einer klaren Haltung an die Sache herangehen.

Grundlagentraining: Ein Gespür für die innere Haltung entwickeln

Sie haben nun die Möglichkeit, ein sehr differenziertes Gespür für die unterschiedlichen inneren Haltungen zu bekommen. Dieses Gespür brauchen Sie, wenn Sie MINDFUCK jederzeit überwinden wollen. Ich wiederhole mich bewusst: Es gibt nur wenig im Bereich des Selbstmanagements, das wichtiger und wirksamer ist, als seinen inneren Zustand jederzeit erkennen und in Richtung Erwachsenen-Ich verändern zu können.

Ich werde Ihnen zum Training verschiedene, für unser Leben typische Situationen vorstellen und Sie bitten, jeweils aus einer Kind-Ich-, aus einer Eltern-Ich- und aus einer Erwachsenen-Ich-Haltung heraus damit umzugehen. Ich werde Sie in allen drei Haltungen nach Ihren Gefühlen, Ihrem Denken, Ihrer Art zu reagieren fragen. Dieser Part ist der vielleicht wichtigste Trainingspart des gesamten Coachings. Ich möchte Sie deshalb sehr herzlich einladen, ihm Ihre Zeit und Ihre Aufmerksamkeit zu schenken. Verstehen allein reicht in dieser Sache nicht. Sie müssen ein echtes Gespür für den Unterschied bekommen. Sie müssen es denken *und* fühlen.

Zu Beginn möchte ich Ihnen an einem Beispiel zeigen, wie das Training des flexiblen Wechsels in die verschiedenen Ich-Haltungen gemeint ist. Die erste Situation ist folgende: Manchmal gibt es Momente, da wollen wir einem anderen Menschen unsere Anerkennung und unseren Respekt aussprechen. Wir können das aus den drei verschiedenen Haltungen heraus tun. Es wird dann gefühlsmäßig, inhaltlich, stimmlich und körpersprachlich große Unterschiede geben. Sehen wir uns das genauer an.

Tun wir dies aus dem Kind-Ich heraus, werden wir zu diesem anderen Menschen aufschauen, ihn umschmeichelnd loben und uns eventuell sogar gleichzeitig selbst herabsetzen:

»Mensch, wie toll du bist, das könnte ich nie! Ich bin echt neidisch darauf, wie gut du das kannst. Echt super!«

Die gleiche Absicht, einen anderen anzuerkennen und ihm respektvoll zu begegnen, klingt aus dem Eltern-Ich heraus vollkommen anders. Wir neigen dann dazu, den anderen von oben herab zu loben: »Das hast du wirklich fein gemacht. Da kannst du echt stolz auf dich sein.« Manchmal setzen wir dann noch Worte nach, die den anderen tatsächlich abwerten und die eigene Position erhöhen: »Hätte ich dir so gar nicht zugetraut, wenn ich ehrlich bin. Da hast du mich jetzt echt überrascht.« Aus dem Eltern-Ich heraus schaffen wir damit eine Situation, die uns zum Richter über den anderen macht. Wir sind die Jury, der andere hatte sich zu beweisen, und wir haben ein positives Urteil gefällt. Ich denke, auf ein solches Lob wird jeder gerne verzichten wollen.

Schauen wir nun, wie wir Anerkennung und Respekt aus der Haltung des selbstwirksamen, balancierten Erwachsenen heraus zeigen. Die erste Eigenheit ist die, dass wir auf Augenhöhe mit dem anderen sprechen, dass wir weder uns erhöhen oder erniedrigen noch den anderen: »Ich möchte dir gerne sagen, dass ich ganz schön beeindruckt bin, wie du das gemacht hast. Du hast mich wirklich inspiriert damit. Vielen Dank dafür.« Wir sprechen automatisch in Ich-Botschaften, statt scheinbar objektive Urteile zu fällen.

Wir können uns nun den Originalton zu den jeweiligen Varianten und auch die Körpersprache dazu vorstellen. Im Kind-Ich nehmen wir eine erhöhte Tonlage ein, wir ziehen die Worte lang und finden das alles eeeeecht toll, was der andere da macht. Die Begeisterung wirkt bei näherem Hinsehen übertrieben. Der Kopf liegt leicht schief, und der Blick kommt von unten. Aus dem Eltern-Ich heraus geht der Blick eher von oben nach unten, wenn die andere Person größer ist, sehen wir ihr vielleicht gar nicht in die Augen und heben unser Kinn trotzdem, wenn wir sprechen. Die Stimme ist tiefer und klingt begütigend.

Im Erwachsenen-Ich dagegen suchen wir automatisch den aufrichtigen, gleichrangigen Blickkontakt. Die Stimme ist fest und klar, manchmal lächeln wir, manchmal nicht. In jedem Fall aber sind wir gleichermaßen ernsthaft und wahrhaftig in dem, was wir sagen. Es kommt in dieser Haltung zu einer echten Begegnung, in der wir den anderen sehen und uns selbst dabei nicht vergessen. Nun sind Ihre Trainingseinheiten dran. Ich habe bewusst eine ganze Menge Übungsfälle für Sie zusammengestellt, damit Ihnen der Wechsel der Ebenen in Fleisch und Blut übergeht. Wenn es Ihnen zu viel werden sollte, lassen Sie einfach das eine oder andere aus und holen es ein andermal nach.

1) Sie sind beim Friseur und überhaupt nicht zufrieden mit dem Ergebnis. Sie beschweren sich.

Wie ist Ihre Reaktion aus dem Kind-Ich heraus?

____

Wie fühlen Sie sich? Was denken Sie? Was sagen Sie? Wie sagen Sie es?

____

Wie ist Ihre Reaktion aus dem Eltern-Ich heraus?

____

Wie fühlen Sie sich? Was denken Sie? Was sagen Sie? Wie sagen Sie es?

____

Wie ist Ihre Reaktion aus dem selbstwirksamen, balancierten Erwachsenen-Ich heraus?

____

Wie fühlen Sie sich? Was denken Sie? Was sagen Sie? Wie sagen Sie es?

____

2) Sie bekommen von einem Vorgesetzten oder einem Kunden ein sehr kritisches Feedback.

Wie ist Ihre Reaktion aus dem Kind-Ich heraus?

____

Wie fühlen Sie sich? Was denken Sie? Was sagen Sie? Wie sagen Sie es?

____

Wie ist Ihre Reaktion aus dem Eltern-Ich heraus?

____

Wie fühlen Sie sich? Was denken Sie? Was sagen Sie? Wie sagen Sie es?

____

Wie ist Ihre Reaktion aus dem selbstwirksamen, balancierten Erwachsenen-Ich heraus?

____

Wie fühlen Sie sich? Was denken Sie? Was sagen Sie? Wie sagen Sie es?

____

3) Sie haben bei einem Spiel oder einem Wettkampf verloren.

Wie ist Ihre Reaktion aus dem Kind-Ich heraus?

___

Wie fühlen Sie sich? Was denken Sie? Was sagen Sie? Wie sagen Sie es?

___

Wie ist Ihre Reaktion aus dem Eltern-Ich heraus?

___

Wie fühlen Sie sich? Was denken Sie? Was sagen Sie? Wie sagen Sie es?

___

Wie ist Ihre Reaktion aus dem selbstwirksamen, balancierten Erwachsenen-Ich heraus?

___

Wie fühlen Sie sich? Was denken Sie? Was sagen Sie? Wie sagen Sie es?

___

4) Sie treffen den Menschen, in den Sie sich verliebt haben. Sie machen ihm oder ihr eine Liebeserklärung.

Wie machen Sie das aus dem Kind-Ich heraus?

___

Wie fühlen Sie sich? Was denken Sie? Was sagen Sie? Wie sagen Sie es?

___

Wie tun Sie es aus dem Eltern-Ich heraus?

___

Wie fühlen Sie sich? Was denken Sie? Was sagen Sie? Wie sagen Sie es?

___

Wie sind Sie aus dem selbstwirksamen, balancierten Erwachsenen-Ich heraus?

___

Wie fühlen Sie sich? Was denken Sie? Was sagen Sie? Wie sagen Sie es?

___

5) Sie sind traurig.

Wie ist Ihre Reaktion aus dem Kind-Ich heraus?

Wie fühlen Sie sich? Was denken Sie? Was sagen Sie? Wie sagen Sie es?

Wie ist Ihre Reaktion aus dem Eltern-Ich heraus?

Wie fühlen Sie sich? Was denken Sie? Was sagen Sie? Wie sagen Sie es?

Wie ist Ihre Reaktion aus dem selbstwirksamen, balancierten Erwachsenen-Ich heraus?

Wie fühlen Sie sich? Was denken Sie? Was sagen Sie? Wie sagen Sie es?

---

6) Sie sind angestellt und wollen in Ihrer Firma einen Urlaub beantragen.

Wie machen Sie das aus dem Kind-Ich heraus?

____

Wie fühlen Sie sich? Was denken Sie? Was sagen Sie? Wie sagen Sie es?

____

Wie tun Sie es aus dem Eltern-Ich heraus?

____

Wie fühlen Sie sich? Was denken Sie? Was sagen Sie? Wie sagen Sie es?

____

Wie machen Sie das aus dem selbstwirksamen, balancierten Erwachsenen-Ich heraus?

____

Wie fühlen Sie sich? Was denken Sie? Was sagen Sie? Wie sagen Sie es?

____

7) Ein Freund oder eine Freundin kommt viel zu spät zu einer Verabredung mit Ihnen.

Wie reagieren Sie aus dem Kind-Ich heraus?

____

Wie fühlen Sie sich? Was denken Sie? Was sagen Sie? Wie sagen Sie es?

____

Wie tun Sie es aus dem Eltern-Ich heraus?

____

Wie fühlen Sie sich? Was denken Sie? Was sagen Sie? Wie sagen Sie es?

____

Wie reagieren Sie aus dem selbstwirksamen, balancierten Erwachsenen-Ich heraus?

____

Wie fühlen Sie sich? Was denken Sie? Was sagen Sie? Wie sagen Sie es?

____

8) Sie müssen einen Termin absagen, was jemand anderen sehr enttäuschen wird.

Wie machen Sie das aus dem Kind-Ich heraus?

Wie fühlen Sie sich? Was denken Sie? Was sagen Sie? Wie sagen Sie es?

Wie tun Sie es aus dem Eltern-Ich heraus?

Wie fühlen Sie sich? Was denken Sie? Was sagen Sie? Wie sagen Sie es?

Wie kommunizieren Sie aus dem selbstwirksamen, balancierten Erwachsenen-Ich heraus?

Wie fühlen Sie sich? Was denken Sie? Was sagen Sie? Wie sagen Sie es?

---

9) Sie sind in einem Lokal, wollen in Ruhe essen und werden mehrmals von den Kindern vom Nachbartisch gestört.

Wie reagieren Sie aus dem Kind-Ich heraus?

Wie fühlen Sie sich? Was denken Sie? Was sagen Sie? Wie sagen Sie es?

Wie reagieren Sie aus dem Eltern-Ich heraus?

Wie fühlen Sie sich? Was denken Sie? Was sagen Sie? Wie sagen Sie es?

Wie gehen Sie aus dem selbstwirksamen, balancierten Erwachsenen-Ich heraus damit um?

Wie fühlen Sie sich? Was denken Sie? Was sagen Sie? Wie sagen Sie es?

---

10) Sie halten unter Stress für einen Moment in zweiter Reihe. Sie kommen zurück. Ein Polizist schnauzt Sie an.

Wie reagieren Sie aus dem Kind-Ich heraus?

____

Wie fühlen Sie sich? Was denken Sie? Was sagen Sie? Wie sagen Sie es?

____

Wie reagieren Sie aus dem Eltern-Ich heraus?

____

Wie fühlen Sie sich? Was denken Sie? Was sagen Sie? Wie sagen Sie es?

____

Wie gehen Sie aus dem selbstwirksamen, balancierten Erwachsenen-Ich heraus damit um?

____

Wie fühlen Sie sich? Was denken Sie? Was sagen Sie? Wie sagen Sie es?

____

Häufig unterliegen wir dem Missverständnis, dass wir das Kind-Ich oder Eltern-Ich in uns selbst brauchen, um bestimmte angenehme oder wichtige emotionale Zustände richtig erleben zu können. Die folgende Übung ist ein wunderbares Training, mehr Klarheit für sich zu gewinnen und zu sehen, dass Sie jeden, wirklich jeden Zustand auch aus dem Erwachsenen-Ich heraus erleben können. Und dass er sich aus dieser Haltung heraus viel interessanter anfühlt und darüber hinaus besser auf selbstwirksame Reaktionen und Entscheidungen vorbereitet.

Ich lade Sie ein, dazu kurz ein paar lockere Varianten innerlich durchzugehen:

Verspielt sein – auf eine kindliche, eine elterliche und eine erwachsene Art.
Enttäuscht sein – auf eine kindliche, eine elterliche und eine erwachsene Art.
Neugierig sein – auf eine kindliche, eine elterliche und eine erwachsene Art.
Kreativ sein – auf eine kindliche, eine elterliche und eine erwachsene Art.
Andere führen – auf eine kindliche, eine elterliche und eine erwachsene Art.
Jemanden verwöhnen – auf eine kindliche, eine elterliche und eine erwachsene Art.
Sauer sein – auf eine kindliche, eine elterliche und eine erwachsene Art.
Wut spüren – auf eine kindliche, eine elterliche und eine erwachsene Art.
Sich um jemanden kümmern – auf eine kindliche, eine elterliche und eine erwachsene Art.
Sich stark hingezogen fühlen – auf eine kindliche, eine elterliche und eine erwachsene Art.

Sie sehen, wie stark die Unterschiede sind. Es ist leicht nachzuvollziehen, wie wir in den unterschiedlichen Zuständen auf unser Gegenüber wirken und was das für unser Zusammenleben mit anderen bedeutet. Wichtig ist, dass wir zur Überwindung von Selbstsabotage nach dem Erkennen der MINDFUCKs die Haltung des selbstwirksamen, balancierten Erwachsenen einnehmen.

Coaching-Part: Die innere Haltung erkennen und verändern

Nun ist es Zeit, sich wieder Ihren konkreten MINDFUCK-Themen zu widmen. Blättern Sie zurück auf die Seiten, auf denen Sie Ihre persönlichen MINDFUCKs notiert haben. Gehen Sie jeden einzelnen durch und prüfen Sie die Haltung, die Sie im MINDFUCK-Modus angenommen haben. Sie können übrigens jeden MINDFUCK sowohl aus einer Kind- als auch aus einer Eltern-Perspektive, niemals aber aus einer Erwachsenen-Perspektive einnehmen. Sobald Sie eine echte Erwachsenen-Perspektive einnehmen, können Sie den alten MINDFUCK-Gedanken nämlich gar nicht mehr ernst nehmen.

Um das Prinzip einzuüben, bitte ich Sie wieder, die drei wichtigsten MINDFUCKs und die dazugehörigen Themen zu nutzen und, wenn Sie möchten, alle weiteren nach und nach zu bearbeiten.

MINDFUCK 1

Thema: ____

MINDFUCK-Art(en) ______________________________

Innere Haltung ____________________________________

Lösung aus dem Erwachsenen-Ich heraus ______________

____

MINDFUCK 2
Thema: ____

MINDFUCK-Art(en) ______________________________

Innere Haltung ____________________________________

Lösung aus dem Erwachsenen-Ich heraus ______________

____

MINDFUCK 3
Thema: ____

MINDFUCK-Art(en) ______________________________

Innere Haltung ____________________________________

Lösung aus dem Erwachsenen-Ich heraus ______________

____

Das Allerwichtigste wäre nun geschafft. Haben wir nämlich den zweiten Schritt getan und nach dem Erkennen von MINDFUCK die Haltung eines selbstwirksamen erwachsenen Menschen eingenommen, haben wir ihn meist schon überwunden. Wir sind aus dieser Haltung heraus fähig, die Realität aus einer selbstwirksamen und balancierten Perspektive wahrzunehmen, mutig eine stimmige Position einzunehmen und weitaus bessere Entscheidungen zu treffen. Das fühlt sich nicht nur besser an, sondern bringt uns den einzigen authentischen und gleichzeitig höchsten Grad an Wirksamkeit.
Wir können aber noch einen Schritt weitergehen, um MINDFUCK nicht nur zu beenden, sondern sogar unser volles Potenzial in einer Situation zu wecken, in der wir bisher nur blockiert waren. Gehen wir über zu Schritt 3.

Dritter Schritt: Sich öffnen mit Neugier, Vertrauen und Freude an der Erfahrung

Ich nenne diesen dritten Schritt »die Rakete zünden«, weil wir mit ihm eine enorme Schubkraft in das Thema bringen. Wir nehmen nicht nur die Haltung des selbstwirksamen, balancierten Erwachsenen ein, sondern öffnen uns bewusst in einer konstruktiven Haltung für das Thema, den Menschen oder die Situation, um die es gerade geht.

Erinnern wir uns: Im MINDFUCK-Modus verschließen wir uns, machen uns klein, werden eng, kalt, ängstlich, aggressiv oder auf eine nicht authentische Art euphorisch. Im MINDFUCK-freien Modus gehen wir genau in die Gegenbewegung. Wir öffnen uns wie eine Blume, die sich dem Licht zuwendet und ihre Blüte entfaltet. In dieser Offenheit – und nur in dieser – sind wir in der Lage, nicht nur in einer souveränen Balance zu bleiben, sondern auch wahrzunehmen und aufzunehmen – zu lernen, uns zu entwickeln und zu wachsen. Das aber ist der Schlüssel zu Ihrem Potenzial.

Aufrichten und hinwenden

Wenn ich Menschen beobachte, die sich von MINDFUCK befreien, kann ich an ihrer physischen Haltung wahrnehmen, dass sie zuerst aufmerken, sich dann aufrichten und schließlich der Welt zuwenden. Die Haltung eines von MINDFUCK befreiten, offenen Menschen ist eine aufrechte, interessierte, zugewandte. Es ist eine Haltung, die den Menschen sehr individuell und gleichzeitig sozial bezogen, offen für Austausch, Erleben und Kontakt, zeigt. Wenn wir lernen, uns immer wieder innerlich und äußerlich auf diese Weise zu öffnen, lassen wir das Leben wieder in uns hinein- und durch uns hindurchfließen. Wir reichern es wieder mit uns selbst an. Es fängt an zu pulsieren wie in den Tagen unserer Kindheit.

Doch wir erleben eine weit größere Erfüllung. Denn wir sind erwachsen und damit frei. Fähig, unser Leben selbst zu gestalten. Fähig, zu entscheiden. Fähig, zu kommen und zu gehen, wann wir es für richtig halten. Fähig, uns Neuem zu öffnen und zu lernen. Fähig, uns den Eindrücken auszusetzen und zu öffnen, die uns wachsen lassen. Und fähig, diejenigen Umgebungen hinter uns zu lassen, die uns daran hindern.

Wie können wir uns diese Öffnung leichter machen? Timothy Gallwey, für mich der Begründer des modernen Coachings, hat drei Haltungen identifiziert, die uns helfen, in diese Bewegung der Öffnung zu gelangen: **Neugier, Vertrauen und Freude an der Erfahrung.** Sie sind, seitdem ich ihre durchschlagende Wirkung nicht nur in meinen Coachings, sondern auch in meinem eigenen Leben entdeckt habe, wie eine Art Mantra. Ein Mantra, das ich in den verschiedensten Lebenslagen aktiviere, um mich selbst im Störfall mental und emotional zu kurieren und in einen optimalen Zustand zu bringen.

Die konstruktive Hinwendung

Neugier, Vertrauen und Freude an der Erfahrung. Was ist damit gemeint? Zunächst ist wichtig, dass wir in der dritten Stufe der Überwindung von MINDFUCK immer aus der Haltung des selbstwirksamen, balancierten Erwachsenen heraus denken, fühlen und handeln. Ich hoffe, Sie verstehen, warum ich Sie immer wieder mit dieser Umschreibung der optimalen inneren Haltung »traktiere«. Schritt 2, die richtige Haltung, ist die Voraussetzung dafür, Schritt 3, die Hinwendung mit Neugier, Vertrauen und Freude an der Erfahrung, für sich zu nutzen. Wenn wir uns als Erwachsene einer Sache öffnen, ist das weder naiv noch leichtgläubig, sondern im vollen Bewusstsein der eigenen Entscheidungs- und Handlungsfähigkeit.

Nehmen wir ein Beispiel, das das sehr deutlich macht. Nehmen wir an, ein Mensch ist in eine Gesprächssituation geraten, in der er sich klein und unterlegen fühlt. Er erkennt, dass er sich im MINDFUCK-Modus befindet, sich selbst abwertet und selbst verleugnet, seine Haltung ist geduckt, die Schultern hochgezogen. Er schwitzt vor Angst, dass er bloßgestellt oder beleidigt werden könnte. Möglicherweise haben wir alle schon solche Situationen erlebt. Würde dieser Mensch mit den genannten drei Schritten seine Selbstblockade überwinden, würde er zuerst aufmerken, weil er erkennt, dass er sich selbst in einen schlechten mentalen und emotionalen Zustand manövriert hat oder hat manövrieren lassen. Er würde den MINDFUCK als Selbstverleugnungs-MINDFUCK erkennen.

Er entscheidet sich danach zu Schritt 2, nämlich unmittelbar in die Haltung des Erwachsenen zu gehen. Es könnte ihm deshalb helfen, sich zu fragen, wie er diese Situation bewältigen würde, wenn er in der Kraft des selbstwirksamen und balancierten Erwachsenen wäre, der er eigentlich ja ist. Er würde sich daraufhin aufrichten und hätte die besten Voraussetzungen, sich der Situation wieder zu stellen, statt abzutauchen und möglicherweise eine Rolle zu spielen, die andere ihm zugedacht haben. Er würde sich wieder als eigenständiges, handlungsfähiges Individuum zeigen. Nähme er aus dieser Haltung heraus noch eine neue, konstruktive Öffnung vor, indem er der Situation nicht nur im Bewusstsein seiner Selbstwirksamkeit und Souveränität, sondern auch mit Neugier, Vertrauen und Freude an der Erfahrung begegnete, würde sich das Blatt vollkommen wenden.

Was glauben Sie, wie würde dieser Mensch die Situation, in der er sich befindet, nun wahrnehmen? Wie reagiert ein erwachsener Mensch, der sich seiner Selbstwirksamkeit bewusst ist und mit Neugier, Vertrauen und Freude an der Erfahrung auf Menschen trifft, die ihn bisher eingeschüchtert hatten?
Manche antworten an dieser Stelle, er würde den anderen nun um den Hals fallen. Aber das wäre kindliche Unterwerfung oder Naivität und nicht erwachsene Neugier, Vertrauen und Freude an der Erfahrung. Ein Mensch, der wirklich im Erwachsenen-Ich denkt, fühlt und handelt, würde sich nun entweder angemessen zur Wehr setzen, sich wieder ins Gespräch einbringen und klare Aussagen treffen. Vielleicht entscheidet er sich auch selbstbewusst, sich der Situation zu entziehen. Vielleicht entscheidet er auch, sich der Situation zu stellen, aus ihr und in ihr zu lernen. Er könnte sich fragen: Wie machen die das, dass ich mich kleinmache? Welche Knöpfe drücken sie, die mich in den Rückzug bringen? Vielleicht würde er sich auch darauf konzentrieren, was wirklich gesagt wird, und weniger darauf, welche Machtspielchen gespielt werden. Vielleicht würde er sogar feststellen, dass die Machtspielchen vor allem in seinem Kopf stattfinden. Auf jeden Fall wäre er neugierig, wie er diese Herausforderung auf eine neue Art lösen wird. Vielleicht noch nicht auf die perfekte Art, aber auf eine neue Art. Und siehe da: Ein Lernprozess hätte stattgefunden.

Mit Neugier, Vertrauen und Freude an der Erfahrung ist also nichts anderes gemeint als die konstruktive Öffnung für eine Situation oder einen Gedanken. Es geht um voraussetzungsloses, interessiertes Zugewandtsein einer Situation gegenüber, auf die wir bisher vielleicht mit Panik, Angriff, Rückzug oder Totstellen reagiert haben. Sich einer Situation, die bisher negativen Stress ausgelöst hat, konstruktiv zu öffnen ist, als würden wir ein Fenster in uns weit aufstoßen und endlich Frischluft hereinlassen.

Selbstbehauptungskräfte wecken und Spaß dabei haben

Halten wir fest: Neugier, Vertrauen und Freude an der Erfahrung heißt nicht, dass wir nun alles kritiklos gut finden und unterstützen müssen. Das wäre ein Rückfall ins Kind-Ich. Manchmal wachen wir erst nach einem MINDFUCK auf und merken, dass uns bereits lange übel mitgespielt wurde. Ein Klient, der von seiner Frau seit Jahren betrogen wurde, hörte sich von ihr immer wieder an, er sei schuld an der Misere, er sei nicht gut genug, sei zu eifersüchtig und müsste insgesamt an sich selbst arbeiten, statt ihr Vorwürfe zu machen. Zu seiner Eifersucht kamen Schuldgefühle hinzu, und er erlebte jede neue Affäre seiner Frau als Versagen seiner selbst. Als er für die ersten Minuten seines Lebens in dieser schmerzhaften Angelegenheit ins Erwachsenen-Ich ging, wurde ihm klar, dass er das Verhalten seiner Frau einfach nicht mehr hinnehmen wollte – ganz unabhängig von der Frage, wer an der Lage »schuld« sei. Er spürte, dass es ihm zu viel war und dass er sich schlicht und einfach in einer Beziehung Treue und Vertrauen wünschte.
Es war nicht leicht für ihn, aus der Kind-Ich-Haltung nicht ins andere Extrem, das des bewertenden Eltern-Ichs, zu fallen und jetzt im Gegenzug seine Frau zu beschimpfen. Beides wäre nur die andere Seite der jeweiligen Medaille gewesen. Es ging vielmehr darum, seine wahren Gefühle und Bedürfnisse als von Grund auf unabhängiger und lebensfreudiger Mensch und Partner wahrzunehmen, auszusprechen und Konsequenzen zu ziehen. Doch davor hatte er Angst. Aus dem Erwachsenen-Ich heraus war ihm klar, dass er etwas tun würde. Doch erst mit der konstruktiven Hinwendung zum Problem war er in der Lage, es auch tatsächlich anzugehen. Er spürte, dass er eine neue Form der Auseinandersetzung mit seiner Frau finden und nicht einfach schmutzige Wäsche waschen wollte. Neugier,

Vertrauen und Freude an der Erfahrung kann also genauso bedeuten, uns endlich querzustellen, uns zu öffnen für unsere Selbstbehauptungskräfte und auf eine kreative Weise Schluss zu machen mit gedankenloser Anpassung.

Fallbeispiel: Der autoritäre Chef

Ich habe mit einer Frau gearbeitet, die einen sehr autoritären Chef hatte. Bisher war sie täglich mit Angst in der Magengrube ins Büro gegangen. Ihre Hände schwitzten, als sie mir davon erzählte. Sie durchlief die drei Schritte zur Überwindung ihrer Selbstsabotage. Zuerst tauchte sie auf aus der Rolle des hilflosen, ausgelieferten Kindes, nahm eine selbstwirksame und gleichzeitig balancierte Haltung der Erwachsenen ein und öffnete sich der Begegnung mit ihrem Chef ein erstes Mal mit Neugier, Vertrauen und Freude an der Erfahrung. Ich fragte sie in unserem Coaching nach diesem für sie äußerst denkwürdigen Ereignis, fragte sie, was an diesem Tag anders gewesen und was ihr in der neuen Haltung so durch den Kopf gegangen sei. Sie antwortete, sie sei ganz gegen ihre Gewohnheit geradezu ins Büro geflogen. »Ich konnte es gar nicht erwarten hinzukommen. Ich war so neugierig, wie es werden würde, was ich erleben würde. Ich fühlte mich nicht mehr angreifbar, sondern gestärkt und gleichzeitig im Lot. Ich wusste, dass mir nichts passieren kann. Dass ich mit allem, wirklich allem, was passieren würde, umgehen könnte. Selbst wenn er mich verprügeln würde – dieser verrückte Gedanke kam tatsächlich hoch –, könnte ich mich wehren und ihn anzeigen. Aber mir war schon klar, dass auch das einfach nur Katastrophen-MINDFUCK war. Eine Stimme in mir sagte, dass es eine Illusion sei, dass sich etwas ändern würde, wenn ich anders drauf bin. Ein Mensch wie mein Chef würde sich nie ändern. Aber auch das war ganz eindeutig ein ziemlich gehässiger Misstrauens-MINDFUCK, den ich auch gleich wieder vergaß. Ich wusste, dass ich, egal wie es ausgehen würde, eine sehr wichtige Erfahrung in meinem Leben machen würde. Und ich selbst hatte dafür gesorgt. Darauf bin ich wirklich stolz.«

Natürlich war ich neugierig, wie das Zusammentreffen mit ihrem Chef verlaufen war. Sie erzählte: »Normalerweise koche ich in vorauseilendem Gehorsam Kaffee und serviere ihm diesen mit Keksen.« Und diesmal? Aus der Haltung der selbstwirksamen, balancierten Erwachsenen heraus? »Zuerst dachte ich, der Idiot könne sich seinen Kaffee doch eigentlich selber machen, dann war mir aber schnell klar, dass das die Haltung eines beleidigten Kindes und nicht einer selbstbewussten und gleichzeitig offenen erwachsenen Frau war.« Was tat sie also stattdessen? »Ich rief ihn kurz von meinem Platz aus an und sagte ihm, ich würde mir jetzt einen Kaffee machen, ob er auch einen wolle. Zuerst reagierte er verdutzt und grummelte irgendetwas vor sich hin, dann sagte er – o Wunder! –, ja, er hätte auch gerne einen. Ich ging also in die Küche, war sehr beschwingt, weil ich den Kaffee tatsächlich auch für mich und nicht nur für ihn machte. Das hatte eine ganz andere Bedeutung. Auf dem Weg in sein Büro erlebte ich zunächst wieder einen Anflug von Angst. Dann erinnerte ich mich an mein Experiment, als Erwachsene mit Neugier, Vertrauen und Freude an der Erfahrung in die Situation zu gehen. Das stärkte mich und amüsierte mich, und ich merkte, wie ich mich tatsächlich darauf freute, die Tür zu seinem Büro zu öffnen. Vielleicht freute ich mich sogar ein wenig auf ihn. Und dann, als ich ihm den Kaffee brachte, kam ich aus dem Staunen nicht mehr raus. Er lächelte und bedankte sich. Zum ersten Mal in drei Jahren.«

Was als Anekdote über die Kunst, erwachsen, neugierig, vertrauensvoll und mit Freude an der Erfahrung, Kaffee für den Chef zu kochen, begann, endete mit dem vielleicht ersten produktiven und konstruktiven Arbeitstag, den die beiden je miteinander verbrachten.

Vielleicht fragen Sie sich jetzt, ob Kaffeekochen für den Chef insgesamt eine berufliche Kompetenz des 21. Jahrhunderts

sein sollte und ob in diesem Fall die Behauptung versteckt sei, dass es die Schuld der Mitarbeiterin gewesen sein könnte, dass sich ihr Chef so danebenbenahm. Selbstverständlich kann ich das nur mit einem klaren »Nein« beantworten.
Zwischen Menschen in einem ganz normalen Büroalltag geht es nur selten um Schuld. Viel häufiger geht es um systemische Verwerfungen, die sich aus dem spezifischen Zusammenspiel zweier Menschen ergeben. Einer der wenigen alten Sinnsprüche, die mir bis heute gefallen, ist der Satz, dass es aus dem Wald immer so hinausschallt, wie man hineingerufen hat. Wenn wir uns kleinmachen und im Zustand des Kind-Ichs bleiben, lassen wir auch einem anderen Menschen kaum mehr eine Chance, erwachsen zu bleiben.

Wenn die Kommunikation »im Keller« ist

Eine wichtige Beobachtung aus meiner Arbeit mit so vielen Menschen, Teams und Gruppen ist, dass ein Mensch, der die erwachsene Ebene verlässt, die anderen fast dazu zwingt, diese Ebene auch zu verlassen. Wenn wir uns wie Kinder benehmen, zwingen wir unser Gegenüber in die Haltung eines Elternteils. Wenn wir uns wie strafende oder überfürsorgliche Eltern benehmen, zwingen wir unser Gegenüber in die Haltung eines Kindes. Der andere Mensch hat, wenn er nicht sehr stark in seinem Erwachsenen-Ich wurzelt, fast keine Chance, nicht »mitzuspielen«. Eine reale Chance hat nur ein Mensch, der sich dieser Zusammenhänge vollauf bewusst ist und der gelernt hat, auch seismographische Störungen im Zusammensein mit anderen zu erkennen und bewusst damit umzugehen. Die Frage, wer damit angefangen habe, der Chef mit seiner Dominanz oder die Mitarbeiterin mit ihrer Unterwürfigkeit, gehört eher zu den Fragestellungen aus unseren Kindheitstagen.

Wenn sich andere weigern, erwachsen zu sein

Viele Klienten fragen mich, was man denn tun solle, wenn sich der andere »partout weigere«, als Erwachsener auf Augenhöhe zu agieren. Ich habe dazu zwei Antworten. Die eine ist eine Frage: Sind wir in diesem Moment wirklich selbst im Erwachsenen-Ich oder vielmehr im bewertenden Eltern-Ich? Die Herausforderung im Umgang mit MINDFUCK liegt genau da. Wenn wir anfangen, andere in Eltern-Kind-Schemata zu pressen, sobald sie sich nicht so verhalten, wie wir das wollen, sind wir selbst nicht mehr im Zustand des selbstwirksamen, balancierten Erwachsenen. In einem solchen Fall würde der Umgang mit MINDFUCK zu einem neuen MINDFUCK werden, ja geradezu zu einer MINDFUCK-Keule, mit der wir unser Gegenüber einfach auf andere Art als bisher bekämpfen. Ich hoffe sehr, mit meiner Arbeit nicht zu dieser Art von Kleinkrieg beizutragen.

Nur die eigene Haltung zählt

Die einzige Frage, die uns wirklich interessieren sollte, ist, ob wir uns selbst im Zustand des balancierten, selbstwirksamen Erwachsenen befinden. Ob es uns gelingt, mit unserem Gegenüber frei, offen und gleichzeitig konsequent Umgang zu pflegen und jederzeit zu wissen, was wir wollen und was nicht. Ob es uns selbst gelingt, neugierig, vertrauensvoll und mit Freude an der Erfahrung in eine Situation zu gehen. Und uns überraschen zu lassen, was dann mit uns und unserem Gegenüber passiert. Denn die neue selbstwirksame Haltung und die konstruktive Hinwendung zum Außen erzeugen vollkommen neue Möglichkeiten. Wir wissen tatsächlich nicht, was passieren wird. Wir stellen uns dem Leben, wie es sich entwickelt, wie es sich zeigen will. Wir versuchen nicht mehr, es durch starre Haltungen zu kontrollieren. Wir verlassen den Boden der alten Sicherheit, um eine vollkommen neue Sicherheit zu gewinnen: die Sicherheit in uns selbst. Wir opfern die Kontrolle in dem Wissen, dass wir auch Stürmen trotzen können, dass wir selbst im Leben einem Boot auf dem Wasser gleichen. Wir können es nicht kontrollieren, aber wir können darauf schwimmen, ihm eine Richtung geben, eine aufregende Reise machen.

Wenden wir uns nun wieder der Praxis zu. Vielleicht haben Sie Lust, sich mit einem Probefall »warm zu laufen«, bevor Sie sich wieder Ihre eigenen MINDFUCKs vornehmen.

Übungsfall: Lea und die Gartenexpertin

Lea ist begeisterte Leserin der Bücher der Gartenexpertin Mathilde H. Sie träumt davon, ein Praktikum bei dieser anerkannten Autorität in ihrem Fach zu machen. Eines Tages erlebt sie Mathilde H. persönlich bei einem Vortrag über Orchideen im Botanischen Garten. Die Veranstaltung neigt sich dem Ende zu. Mathilde H. ist mittlerweile umringt von neugierigen Zuhörern, die ihr noch Fragen stellen wollen. Lea steht im Hintergrund und zögert. Folgendes geht ihr im Kopf herum: »Hm. Eigentlich sollte ich Frau H. ansprechen. Aber ich trau mich nicht. Wer bin ich schon, diese Wahnsinnsexpertin anzusprechen. Bestimmt haben schon zehn andere das Gleiche gefragt, und sie ist schon total genervt. Ich wäre auch genervt, wenn mich jeder um was bitten würde. Und außerdem kann ich doch nicht so mit der Tür ins Haus fallen. Geht ja gar nicht. Jetzt ist nur noch eine Frau dran. Ob ich es doch versuche? Ach nee, jetzt ist es schon so spät. Frau H. will sicher nach Hause. Und wie sieht das aus, wenn ich da noch so von hinten ranschleiche. Ich lass es lieber. Ist sowieso verrückt zu glauben, dass sie ausgerechnet auf dich als Praktikantin gewartet hat …«

Nun gehen Sie in den einfachen drei Schritten vor:

Schritt 1: Den MINDFUCK erkennen
Welche MINDFUCKs liegen vor?

Schritt 2: Ins Erwachsenen-Ich gehen
Aus welcher Perspektive spricht Lea im MINDFUCK-Modus? Was würde sie sagen, wenn sie die Sache aus der Perspektive des balancierten, selbstwirksamen Erwachsenen betrachtet?

Schritt 3: Sich öffnen mit Neugier, Vertrauen und Freude an der Erfahrung
Wie betrachtet Lea die Dinge wohl, wenn sie zusätzlich eine Haltung von Neugier, Vertrauen und Freude an der Erfahrung einnimmt?

Die Auflösung finden sie im Lösungsteil hinten.

Übungsfall: Prüfungsangst

Matthias, ein Jungfriseur, ist bei Kollegen und Chefin beliebt, und man schätzt ihn für seine gute Arbeit. In wenigen Tagen hat er seine Gesellenprüfung. Er hat wahnsinnige Prüfungsangst. Er malt sich in den grellsten Farben aus, was alles schiefgehen könnte, und konfrontiert sich immer wieder mit der Vorstellung, sich vor allen zu blamieren. Er stellt sich vor, wie seine Eltern ihn abends fragen, wie es gelaufen sei, und wie er ihnen sagen muss, er sei gescheitert. Vor lauter Angst schläft Matthias nicht mehr und übt stattdessen bis spät in die Nacht an den Übungsköpfen im Salon.

Schritt 1:

MINDFUCK? Ja oder nein?
Welche MINDFUCKs sind drin?

____

In welcher inneren Haltung ist Matthias während der MINDFUCKs?

____

Schritt 2:

Wie reagiert Matthias auf die Situation, dass ihm seine Gesellenprüfung bevorsteht, wenn er voll und ganz in sein selbstwirksames Erwachsenen-Ich geht?

____

____

Schritt 3:
Was passiert, wenn er sich darüber hinaus in eine Haltung von Neugier, Vertrauen und Freude an der Erfahrung bringt?

____

Die Auflösung finden sie im Lösungsteil hinten.

Coaching-Part: Die eigenen situativen MINDFUCKs in drei Schritten auflösen

Wenden wir uns nun Ihren persönlichen Themen zu. Sie haben nun bereits die Erfahrung gemacht, was es heißt, von einer hilflosen oder bewertenden Haltung in eine selbstwirksame, selbstregulierende und risikokompetente Haltung zu wechseln. Nun möchte ich Sie einladen, Ihre MINDFUCK-Welt noch einmal zur Hand zu nehmen und die Themen nicht nur im Lichte des selbstwirksamen Erwachsenen zu sehen, sondern der ganzen Sache nun auch noch Neugier, Vertrauen und Freude an der Erfahrung entgegenzubringen.

Mein Thema

____

____

1) Der MINDFUCK dahinter

____

____

2) Wie sehe ich die Sache, wenn ich sie aus einer selbstwirksamen und erwachsenen Perspektive betrachte?

3) Was passiert, wenn ich ihr darüber hinaus mit Neugier, Vertrauen und Freude an der Erfahrung begegne?

Mein Thema

1) Der MINDFUCK dahinter

2) Wie sehe ich die Sache, wenn ich sie aus einer selbstwirksamen und erwachsenen Perspektive betrachte?

3) Was passiert, wenn ich ihr darüber hinaus mit Neugier, Vertrauen und Freude an der Erfahrung begegne?

____

____

Mein Thema

____

____

1) Der MINDFUCK dahinter

____

____

2) Wie sehe ich die Sache, wenn ich sie aus einer selbstwirksamen und erwachsenen Perspektive betrachte?

____

____

3) Was passiert, wenn ich ihr darüber hinaus mit Neugier, Vertrauen und Freude an der Erfahrung begegne?

____

____

Nun wissen Sie, wie Sie Ihre situativen MINDFUCKs überwinden können. Je öfter Sie es anwenden, desto mehr wird es Ihnen eine neue Art von Souveränität und Selbstvertrauen geben. Vielleicht ist Ihr Gefühl schon so weit geschult, dass Sie unmittelbar folgende Übung erfolgreich absolvieren können.

Grundlagentraining: Jederzeit ins Erwachsenen-Ich gehen

Wo auch immer Sie gerade sind. Nehmen Sie innerlich und äußerlich die Haltung des selbstwirksamen Erwachsenen, der Sie sind, ein und nehmen Sie noch eine Portion Neugier, Vertrauen und Freude an der Erfahrung dazu.

Wie fühlt sich das an? Bitte konzentrieren Sie sich auf Ihr Gefühl und Ihre Körperhaltung.

Vielleicht haben Sie schon von Übungen gehört, die Ihnen Ihr Arzt in jeder Lebenslage empfiehlt. Zum Beispiel gezieltes Beckenbodentraining für Damen und Herren mit Blasen- oder Prostata-Beschwerden. Sie sollten das dann tun, wo auch immer Sie sind. Beim Warten an der Bushaltestelle, in der U-Bahn, vor dem Fernseher, unter der Dusche. Die gleiche Empfehlung gebe ich in Bezug auf die eben gemachte Übung. Gehen Sie, wann auch immer Sie daran denken, innerlich bewusst in den Erwachsenen-Zustand und nehmen Sie zusätzlich eine Haltung von Neugier, Vertrauen und Freude an der Erfahrung an dem, was Sie eben gerade denken oder erleben, dazu. Und lassen Sie sich überraschen, was passiert. Sie können es sich auch bewusst für Situationen vornehmen, in denen Sie sonst vielleicht abwesend sind. Zum Beispiel beim Bäcker, im Auto im Stadtverkehr, im Aufzug, an Ihrem Arbeitsplatz, beim Lesen, bevor Sie anfangen zu essen, beim Surfen im Internet, beim Telefonieren oder auf der heimischen Couch.

Ich habe sogar sehr erfolgreich damit experimentiert, mir im Stundentakt einen Wecker zu stellen und mich dann, egal was ich gerade tat, in den beschriebenen Zustand zu bringen. Ein echter Knaller, denn ich erlebte, dass mich das Training dazu brachte, auch ohne den Wecker regelmäßig meine innere Haltung zu checken. Sie denken anders, Sie handeln anders. Es wirkt wie ein Jungbrunnen und macht jeden Tag zu einem intensiven Erlebnis.

Diese Übung ist die beste Vorbereitung für den zweiten Teil unseres Coachings. Der nächste Part ist dann relevant für Sie, wenn Sie wissen möchten, wie Sie Ihr ganzes Leben in eine neue Dimension von Lebensqualität bringen. Hier geht es nicht mehr nur um Teilaspekte und situative Verbesserungen, sondern darum, den Schalter insgesamt umzulegen und sein volles Potenzial zu verwirklichen. Willkommen in der Welt der chronischen MINDFUCKs, wie man sie entdeckt und überwindet.

Leben ohne MINDFUCK – die neue Dimension

Wenn Sie einzelne situative MINDFUCKs überwinden, wird Ihr Leben leichter. Wer chronische MINDFUCKs überwindet, verändert es von Grund auf. Hier liegt das wahre und interessanteste Potenzial der Arbeit mit dem MINDFUCK-Ansatz. Es geht um die Entdeckung und Entfaltung Ihres natürlichen Potenzials und darum, es tatsächlich zu verwirklichen. Es ist der richtige Ansatz für alle, die gerne die ganze, nicht die halbe Portion Leben haben wollen. Wenn Sie es ernst nehmen, kann es Ihr altes Leben durcheinanderwirbeln und völlig neu ordnen. Andere werden vielleicht sagen, Sie hätten sich sehr verändert, ja Sie seien ein anderer Mensch geworden. Aber eigentlich sind Sie endlich der Mensch geworden, der Sie tatsächlich sind. MINDFUCK aus dem eigenen Leben hinauszuwerfen und nicht mehr zu dulden heißt, ein neues Leben anzufangen. Ich weiß, wovon ich spreche. Nicht nur aus eigener Erfahrung, sondern auch aus der Erfahrung mit den vielen Menschen, die ihr Leben durch den Abschied von MINDFUCK fundamental verbessert haben.

Zeitgemäße Persönlichkeitsentwicklung

Ein von chronischen Selbstsabotagen befreites Leben gewinnt tatsächlich eine neue Dimension. Das ist keine hohle Metapher, sondern mein voller Ernst. Es führt dazu, dass Sie tatsächlich ein innerlich und äußerlich freier Mensch werden, der ohne Zwang und aus eigener Motivation heraus handelt. Sie werden

es zuerst innerlich merken. Ihre gefühlte Lebensqualität steigt, Ihre täglichen Stimmungen werden durchgehend besser, und auch Ihre Träume bei Nacht verändern sich. Aber nicht nur Sie selbst, auch andere werden sehen, dass sich etwas Grundlegendes in Ihrem Leben verändert hat. Das hat Risiken und Nebenwirkungen, um die wir uns in einem späteren Teil unseres Coachings noch ausführlich kümmern werden.
Eine Klientin von mir war gewohnt, ihr Leben lang die Bedürfnisse anderer Menschen chronisch in den Mittelpunkt ihres Lebens zu stellen. Sie fühlte sich mittlerweile so erschöpft, dass sie in meinem Coaching-Büro wie eine Extrembergsteigerin nach einer 8000er-Besteigung wirkte. Nachdem sie ihr ganzes Lebensmodell als chronischen Selbstverleugnungs-MINDFUCK erkannt hatte, erstmals bewusst ins Erwachsenen-Ich wechselte und Neugier, Vertrauen und Freude an der Erfahrung dazunahm, änderte sie von einem Tag auf den anderen tatsächlich alles. Sie löste sich aus einer unglücklichen Partnerschaft, kündigte ihren Job, zog ans Meer und baute sich ein eigenständiges, erfolgreiches Leben mit komplett neuen Menschen um sie herum auf. Ich bekam in jeder neuen Stufe ihrer Selbstbefreiung jeweils eine Postkarte zugeschickt. Es war, als ob sie ihr altes Leben genüsslich in Schnipsel schneiden würde.

Staunen, wer man wirklich ist

Niemand kann sagen, wer ein Mensch ist und was er tut, wenn er endlich frei ist von seinen inneren Blockaden. Das macht die Arbeit mit dem MINDFUCK-Ansatz so aufregend und gleichzeitig so verantwortungsvoll. Machen Sie sich darauf gefasst, sich in einer neuen Dimension kennenzulernen. Möglicherweise sind Sie deutlich verrückter als das Leben, das Sie sich bisher aufgebaut haben. Ihre Träume sind vielleicht weit aufregender, als Sie sich bisher eingestanden haben. Und die bisherigen Kompromisse größer, als es wirklich auszuhalten ist. Doch es gibt keinen Grund, Angst zu haben. Im Erwachsenen-Ich werden wir immer die Dinge tun, die wirklich dran sind. Und wir werden Sie so vorbereiten, dass Sie alle Risiken bewusst auf sich nehmen können. Wenn es wichtige Lernerfahrungen sind, die wir vielleicht seit Jahren verschoben haben: Seien Sie sicher, sie sind jetzt dran.

Befreit von MINDFUCK, sind viele Menschen erstmals in der Lage, sich ernsthafte Gedanken über ihr Potenzial und seine Verwirklichung zu machen. Es ist vergleichbar mit dem Zustand eines sehr talentierten Sportlers, der seine Sportart schon gut beherrscht, aber plötzlich ahnt, dass er das Zeug zum Champion hat. Sie können sich dann erstmals vorstellen und sogar gefühlsmäßig erahnen, wie weit entfernt der Himmel für Sie wirklich ist. Und dass der Himmel greifbar ist. Momente, in denen uns das bewusst wird, gehören zu den Augenblicken, die manche als »heilige Momente« bezeichnen. Erkenntnisse und Momente dieser Art können das Leben erst einmal ganz schön durcheinanderwirbeln. Ein Klient, der seit Jahren vor lauter MINDFUCK-bedingten Sorgen nicht richtig schlafen konnte, erzählte, nachdem es bei ihm »klick« gemacht habe, habe er zunächst auch nicht schlafen können. Diesmal aber aus einem anderen Grund. Er habe seiner Frau, die sich Sorgen machte, warum er noch wach sei, gesagt: »Es ist jetzt schon drei, aber ich bin noch so glücklich.« Mittlerweile schläft er wie ein Murmeltier.

Bei sich selbst ankommen

Wichtig ist: Sie sind dabei nicht »auf Droge« oder in einer neuen Art von Übermotivation, sondern kommen erstmals ernsthaft bei dem Menschen an, der Sie wirklich sind. Und in dem

Leben, das Sie wirklich haben können. Den Unterschied zur Übermotivation erkennen Sie daran, dass es sich nicht leer und oberflächlich euphorisch, sondern wahr, tief und echt anfühlt. Dieses neue Lebensgefühl ist das Ergebnis, das Sie bekommen, wenn Sie sich von alten, chronischen Blockaden befreien. Man könnte es auch als »mentale Entschlackung« bezeichnen. Sie befreien sich von Ballast, der Ihre natürliche Kreativität und Wirksamkeit bisher unterdrückt hatte. Indem Sie das Alte in Ihren vorbewussten Denkgewohnheiten weglassen und auflösen, eröffnen Sie sich Ihre wahren Denk- und Erlebensräume. Sie schaffen sich Zugang zu einer neuen Art von Lebendigkeit. Möglicherweise sind Sie der erste Mensch in Ihrer Familie, der diesen Weg der konsequenten Selbstbefreiung von alten Denkmustern geht. Sie sind dann ein Pionier und eröffnen zugleich für alle, die mit Ihnen leben und nach Ihnen kommen, eine neue, bessere Tradition. Das ist vielleicht das Aufregendste an unserer Zeit: dass wir alle Pioniere in der eigenen Freiheit und Lebensqualität sein können. Dass wir die Ersten sind, die ihn ernsthaft verwirklichen können, den Traum vom guten Leben, von dem Philosophen seit Jahrtausenden sprechen.

Wir werden uns jetzt also intensiv mit Ihren chronischen MINDFUCKs beschäftigen. Aus gutem Grund. Wenn Sie diese MINDFUCKs knacken, kommt der Mensch zum Vorschein, der Sie sind oder werden möchten. Bleiben Sie dann im Erwachsenen-Ich und nehmen Neugier, Vertrauen und Freude an der Erfahrung als ernsthafte Grundhaltung dazu, sind Sie in der Regel schon mitten in der Umsetzung. Wenn es bei der Umsetzung aber hakt, zeige ich Ihnen, wie Sie in wiederum drei Schritten von der Erkenntnis dessen, was Sie wollen, auch sicher ins Tun kommen. Lassen Sie uns zunächst sehen, wie man in seinem Leben chronische MINDFUCKs am besten selbst diagnostiziert.

Chronische MINDFUCKs erkennen

Sie können den Menschen, der Sie wirklich sind, auf zwei Arten erkennen und befreien. Der eine Weg führt über Ihre Lebensträume, der andere über Ihre Probleme. Beide Wege sind gleich gut und ergänzen sich im besten Fall. Die Verwirklichung unserer Träume behindern wir ausschließlich mit MINDFUCK.

Meine erste Frage an Sie ist deshalb, welche Lebensträume Sie haben. Es macht nichts, wenn Ihnen im Moment keine einfallen oder wenn Sie genau an dieser Stelle Schwierigkeiten haben. Dann gehen Sie einfach gleich weiter. Wenn Sie aber Lebensträume und andere große Ziele haben, die Sie aber bisher noch nicht verwirklicht haben, ist jetzt Zeit, sich damit intensiver zu beschäftigen.

Fallbeispiel: Die Weltreise

Ein Beispiel, das Ihnen die Arbeit leichter macht, kommt wieder aus der Praxis. Einer meiner Klienten hatte den Lebenstraum, ein ganzes Jahr auszusteigen und eine Weltreise zu machen. Auf die Frage, was ihn daran hindere, dieses Projekt zu verwirklichen, antwortete er, ihm fehle das Geld, er glaube auch nicht, dass er das je verdienen könne, und er sei im Moment angestellt und habe Angst, wenn er zurückkomme, sowieso keinen Job mehr zu finden und vor dem Nichts zu stehen. Es waren also Misstrauens-MINDFUCKs und Katastrophen-MINDFUCKs, die ihn hinderten, diesen Lebenstraum ernsthaft anzugehen. Angst und Misstrauen in die eigenen Fähigkeiten hinderten ihn daran, etwas Einzigartiges, das er sich schon lange wünschte, zu erleben. Die Wahrscheinlichkeit, dass Angst und Misstrauen noch viel mehr Gutes in seinem Leben verhindern, ist meiner Erfahrung nach sehr groß.
Nun sind Sie dran.

Coaching-Part: Lebensträume

Welche Lebensträume haben Sie? Was wollen Sie erleben, besitzen oder realisieren?

____

____

Was hindert Sie bisher daran, diese Träume zu verwirklichen?

____

____

Welche MINDFUCKs sind da im Spiel?

____

____

Wichtig: Lebensträume sind in der Regel so groß, dass wir sie tatsächlich nicht sofort einfach so umsetzen. Häufig geht es darum, Reisen zu machen, einen bestimmten Menschen kennenzulernen, ein Haus zu bauen, seinen Beruf zu wechseln, ein neues Leben im Süden aufzubauen etc. Was wir aber auf jeden Fall tun können, ist, uns ernsthaft für sie zu entscheiden und konkret vorzubereiten und zu planen, sie umzusetzen. Fragen Sie sich also ehrlich, an welchem Punkt Sie in Bezug auf Ihre Lebensträume gerade sind. Halten Sie jetzt vor allem fest, welche MINDFUCKs Sie im Moment davon abhalten, denn es ist sehr wahrscheinlich, dass es sich um Ihre chronischen MINDFUCKs handelt.

Probleme sind Schlüssel zu chronischen MINDFUCKs

Auch dann, wenn Sie keine Vorstellung von Ihren Lebensträumen und tiefsten Fantasien haben, gibt es mit Sicherheit genügend Probleme, mit denen Sie sich herumschlagen und die wunderbare Wegweiser zu Ihrem wahren Leben sind. Jedes Problem hat mit irgendeiner Form von MINDFUCK zu tun. Und MINDFUCK soll Sie davor »schützen«, sich selbst als Individuum optimal zu entfalten.

Sie können chronische MINDFUCKs sehr gut systematisch in diesen zwei Feldern aufspüren:

- bei Ihren sogenannten Charaktereigenschaften, die Sie nicht mögen oder hinderlich finden

- bei Ihren Lebensthemen, also Problemthemen oder Sehnsüchten, die immer wieder auftauchen, ohne gelöst oder dauerhaft befriedigt zu werden

Wenn Sie alle diese Felder für sich auf MINDFUCK hin untersucht haben, was wir gemeinsam tun werden, wird Ihnen eine ganze Menge klarwerden. Sie werden ein tieferes Verständnis dafür bekommen, warum Sie bisher diese und keine anderen Ergebnisse in Ihrem Leben erlebt haben. Und sich innerlich frei machen für neue Ideen. Was aber noch viel wichtiger ist, ist, dass Sie Ihre tatsächlichen Haupt-MINDFUCKs, die Ihr Leben wie Nebelschwaden durchziehen, erkennen. Hinter genau diesen MINDFUCKs wartet der Mensch, der Sie wirklich sind. Sie können über den Weg Ihrer MINDFUCKs genau erkennen und verstehen, wer Sie wirklich sind und wie Sie wirklich sind, wenn Sie sich nicht mehr stören. Wenn Sie diese aber verstehen und beginnen, ernst zu nehmen, werden Sie sehr genau wissen, welche Entscheidungen Sie treffen müssen, um Ihr volles Potenzial zu leben.

Beginnen wir mit der Diagnose. Schauen wir uns an, wo und wie Sie Ihre chronischen MINDFUCKs sicher aufspüren können. Hier gilt noch mehr als bei allen anderen Übungen, dass Schmerzen und Zweifel echte Wachstumsschmerzen sind. Jede Form von Ehrlichkeit mit sich selbst und Mut, sich diese Dinge anzuschauen, wird sich jetzt mehrfach für Sie auszahlen. Sie sind dabei, sich den Schlüssel für eine qualitativ grundsätzlich andere Zukunft zu schmieden.

Chronische MINDFUCKs als Charaktereigenschaft

Chronische MINDFUCKs sind diejenigen MINDFUCKs, die nicht nur in einer bestimmten Situation auftauchen, sondern sich wie ein Schatten über die gesamte Wahrnehmung legen. Diese Wahrnehmung kann sogar die Wahrnehmung unseres Selbst betreffen. Denn chronische MINDFUCKs graben sich in unser Denken so tief ein, dass wir sie manchmal sogar für unseren Charakter halten. Manchmal höre ich Menschen über sich sagen »Ich bin nun einmal ein Sicherheitsmensch« oder »Ich bin nun mal lieber misstrauisch. Ist doch besser, als naiv zu sein«. Für mich sind Selbstzuschreibungen dieser Art ein deutliches Zeichen für chronifizierte MINDFUCKs. Sie werden mit der eigenen Persönlichkeit verwechselt, obwohl es in Wirklichkeit schlechte Denkgewohnheiten sind. Jeder sogenannte Sicherheitsmensch kann sich frei von Blockaden jederzeit als fähig zu Neugier, Mut und frischen Entscheidungen erleben. Wer meint, grundsätzlich misstrauisch zu sein, kann sich ohne diese selbstauferlegte Blockade als offenen, sich selbst und anderen sympathischen Menschen erleben, der sich wieder vom Leben auf das schönste überraschen lässt.

Coaching-Part: Eigenarten

Wie würden Sie sich einschätzen? Was für ein Mensch sind Sie, wenn Sie sich offen vor dem Hintergrund Ihrer bisherigen MINDFUCKs betrachten? Welche kleinen oder großen Lieblingsumschreibungen haben Sie über sich und Ihre Eigenarten parat?

____

____

____

Möglicherweise verbirgt sich hinter dieser Zuschreibung schon Ihr »Lieblings-MINDFUCK«, also der MINDFUCK, den Sie am besten von sich kennen. Deshalb frage ich Sie: Welche der sieben MINDFUCK-Arten sind Ihre drei »Lieblings-MINDFUCKs« in absteigender Reihenfolge (also der stärkste und häufigste zuerst)?

____

____

____

Wagen Sie nun eine Vermutung, was Ihr wichtigster MINDFUCK aus Ihnen macht, wenn er chronisch ist?

____

____

____

In welcher Art beschränkt er Ihr Leben und Ihre Möglichkeiten?

____

____

____

Was würden Sie sofort anders machen und neu entscheiden, wenn Sie ihn nicht hätten?

____

____

____

Was für ein Mensch wären Sie, wenn Sie diesen MINDFUCK überwunden hätten?

____

____

____

Chronische Ambivalenzen

Wer sich in einem regelrechten inneren MINDFUCK-Wald aufhält, sieht irgendwann den Wald vor lauter Bäumen nicht mehr. Das passiert, wenn Sie sich zum Beispiel oft Fragen wie diese stellen: »Will ich das wirklich?«, »Bin ich das überhaupt?«. Solche Fragen sind Indikatoren dafür, dass ein Mensch für chronische Selbstverunsicherung gesorgt hat. Es gehört in den Bereich der Phänomene, die wir im ersten Teil bereits besprochen haben: Kontaktstörungen zu sich selbst und dem Leben da draußen. Jemand, der sich ständig mit Grundsatzfragen blockiert, hat kein Gefühl mehr für echte Bedürfnisse und Wünsche. Er oder sie kann erlernte oder von außen vorgegebene Muster nicht mehr von seinen eigenen Bedürfnissen und Wünschen unterscheiden. Das wiederum führt zu vielen nicht optimalen Entscheidungen, häufig auch zu Rückzug und Passivität in ein eher virtuell als real gelebtes Leben.

Ich halte diesen Zustand, den ich sehr häufig bei Menschen beobachte, für ein typisches Symptom unserer Zeit: Wir haben eine ungeahnte Freiheit, und wir haben Möglichkeiten, die wir aber wegen der veralteten Parallelwelt in unseren Köpfen häufig nicht zu nutzen und nicht zu genießen wissen. Wir halten uns dann ohne Not selbst im Zaum und ahnen, dass es eine andere Realität gibt, die aber wie in einem Traum unerreichbar scheint. Obwohl wir in unseren Breitengraden in den sichersten Gegenden leben, die es je in der Welt gegeben hat, fühlen sich viele existenziell bedroht. Das Gefühl der Bedrohung umfasst ein weites Spektrum von Ängsten. Ängsten vor Unfällen, Naturkatastrophen, Krankheiten, Elektrosmog, vergifteter oder ungesunder Nahrung – die Bedrohung scheint überall. Solche Fantasievorstellungen erhöhen aber nicht unsere Fähigkeit, für Sicherheit zu sorgen, sondern führen einfach zu einem tiefsitzenden Gefühl von Unsicherheit, das wiederum alle Arten von MINDFUCK auf den Plan ruft.

Erinnern wir uns: Die Welt unserer MINDFUCKs ist auf Sicherheit und Kontrolle ausgerichtet. Sie verspricht uns, dass wir nur dann irgendetwas im Griff haben, wenn wir Angst, Druck, Bewertung und all die anderen Dinge aktivieren. MINDFUCK verspricht ein Heilmittel zu sein, ist aber in

Wahrheit das Gift, das die Unsicherheit auslöst und nicht kuriert. Da jede Art von MINDFUCK zu einer verzerrten Wahrnehmung der Realität führt, sehen wir Möglichkeiten nicht, oder wir halten sie für zu gefährlich. Der Aktionsradius wird kleiner. Wir stagnieren. Die wiederholte Erfahrung, den Reichtum an Möglichkeiten, die es heute gibt, nicht nutzen und verwirklichen zu können, führt zu einem Gefühl tatsächlicher Ohnmacht und Orientierungslosigkeit. Wir fühlen uns wie gefesselt. Dabei ist alles nur MINDFUCK.

Fallbeispiel: Der Unternehmer, der eigentlich ein Künstler war

Der Klient, bei dem ich am meisten über chronische MINDFUCK-Ambivalenzen lernen durfte, war ein Unternehmer, der über eine große künstlerische Begabung verfügt, finanziell unabhängig ist und dennoch bis zu unserem Coaching nicht wagte, sich als Künstler ernst zu nehmen. Er war bereits Mitte 40 und hatte über kleine Amateurausstellungen hinaus nichts unternommen, seinen Lebenstraum, Künstler zu sein, zu verwirklichen. Jede dieser kleinen Ausstellungen war darüber hinaus von heftigsten inneren Kämpfen begleitet. Er schlief nächtelang nicht, hatte tagsüber Schuldgefühle – entweder seinem Geschäft oder der Kunst gegenüber. Wir setzten uns zusammen und analysierten gemeinsam, welche Strategien er selbst aufbot, um seinen Mut und vor allem seine Wirksamkeit als Künstler auf ein Minimum zu reduzieren. Ein erstes »Argument«, mit dem sich mein Klient selbst störte, war, nur Leute, die Kunst studiert hätten, hätten auch die Berechtigung, Kunst zu machen. Er selbst hatte Wirtschaft studiert, und er verordnete sich folgerichtig, wer Wirtschaft studiert habe, müsse auch in der Wirtschaft arbeiten. Ein klarer Fall von Regel-MINDFUCK. Wenn er sich dennoch Zeit für Kunst nahm, kam das nächste schwere Geschütz: »Das kann doch nicht funktionieren. Du bist doch viel zu alt. Wer will deinen Kram schon sehen? Das ist doch völlig bedeutungslos. Du machst dich nur lächerlich.« Ein Bewertungs-MINDFUCK erster Güte. Wirkte auch dieses Gift noch nicht hundertprozentig, begann der Druckmacher- gemeinsam mit dem Misstrauens-MINDFUCK mit seiner Arbeit: »Während du hier Unsinn machst, läuft dein Geschäft in falsche Bahnen. Was denkst du, was dein Prokurist alles falsch macht, wenn du nicht da bist? Wenn die Katze aus dem Haus ist, tanzen die Mäuse.«

Ich fragte meinen Klienten wie es in seinem Inneren alles in allem aussehe. Er meinte, er habe immer ein Gefühl von falscher Anstrengung, von dauerndem Kampf, von abgrundtiefer Vergeblichkeit, ja von Lächerlichkeit, wenn er sich seinem Lebenstraum öffne. Es war, als ob ein strenger allwissender Elternteil dem kleinen dummen Jungen mit den Kunstträumen die Flausen austreiben wolle. Vordergründige Ruhe entstand erst, wenn er die Kunst wieder aufgab und sich hundertprozentig in sein Leben als Geschäftsmann stürzte. Aber da kam – natürlich – nach kurzer Zeit die andere Stimme, die von der Kunst träumte, die ihn mit ähnlichen MINDFUCKs in seiner Tätigkeit als Geschäftsmann in Frage stellte: »Das ist doch alles sinnloser, oberflächlicher Quatsch, was du da machst. Es geht doch immer nur ums Geld. Du wirst unglücklich alt und verbittert, weil du dich tagtäglich mit diesem Unsinn herumschlägst, obwohl du von etwas anderem träumst.«

Mein Klient war in einer Art MINDFUCK-Schaukel gefangen, aus der er keinen Weg herausfand. Er wechselte zwischen Gefühlen von Ohnmacht, kurzfristiger Übermotivation und Allmacht, wenn er sich für eine Seite entschieden hatte, und den danach sicher folgenden Schuldgefühlen und Selbstanklagen hin und her. Sein Innenleben wirkte wie der Kampf zwischen einem ohnmächtigen oder trotzig-abwertenden Kind-Ich, das alles für blöd erklären und hinschmeißen wollte, und einem Eltern-Ich, das unerbittlich die Pflichten und die Vernunftseite des Lebens vertrat. Mein Klient stellte fest, dass er sich weder als Künstler noch als Geschäftsmann jemals stabil in seinem Erwachsenen-Ich befand. Er füllte jede der beiden Rollen in einer nicht gereiften Form aus, und bereits das ließ ihn erkennen und verstehen, warum die vergangenen Jahre so anstrengend und relativ fruchtlos sein konnten. Chronische MINDFUCKs bringen uns in diese missliche Lage. Sie halten uns in wesentlichen Lebensthemen weit unterhalb unserer Möglichkeiten und verursachen immer wieder neue Schmerzen, irrationale Kehrtwendungen und Dauerblockaden.

Coaching-Part: Zweifel und Ambivalenzen

Kennen Sie Fragen der Art wie: »Bin ich das überhaupt?« oder »Will ich das überhaupt«? Sie sind nur dann problematisch und in den MINDFUCK-Kanon einzuordnen, wenn sie immer wieder auftauchen und zu dauerhaften Blockaden und nicht nachhaltigen Entscheidungen führen. Wenn Sie sie kennen: In welchen Bereichen (beruflich, in Bezug auf Beziehungen etc.) und zu welchen Themen tauchen sie auf?

Bereiche: ______________________________

Themen: ______________________________

Welche MINDFUCKs sind enthalten?

____

Welche Haltungen nehmen Sie dann innerlich ein?

____

____

Coaching-Part: Innere Kämpfe

Kennen Sie Zweifel oder Ambivalenzen dieser Art? Wie würden Sie die beiden inneren »Streitrichtungen« umschreiben, die in Ihnen kämpfen?

____

____

Was vermuten Sie tief in Ihrem Inneren? Welches ist die »wahre« Seite Ihrer selbst? Bitte schreiben Sie mit nicht lösch- oder radierbarer Schrift jetzt gleich in diese Zeile hinein.

____

____

Safety first oder die Stimme des Altbekannten

Das, was Sie nun als wahre Seite Ihres Selbst identifiziert haben, ist das, was Sie wirklich machen wollen, wenn Sie sich nicht selbst mit MINDFUCK stören. Diese Stimme vertritt Ihre Sehnsüchte, Ihre Wünsche und wahrscheinlich auch Ihr Potenzial. Wenn wir dieser Stimme Raum geben, melden sich in der Regel sehr schnell die Argumente in uns, die uns das als »Blödsinn«, »unrealistisch« etc. ausreden wollen. Das ist dann MINDFUCK. MINDFUCK kommt dann, wenn wir gewohnte Bahnen verlassen und echte, unser gewohntes Lebensgefühl übersteigende Veränderungen anstehen. Immer. Sie können sich darauf verlassen. Was auch immer Sie ernsthaft verändern möchten: Zuerst meldet sich der MINDFUCK. Das ist vollkommen logisch, wenn wir uns ansehen, welche Funk-

tion MINDFUCK hat und was ich im ersten Buch ausführlich beschrieben habe.
Die innere Stimme in uns, die MINDFUCK produziert, übernimmt die Aufgabe, uns vor Veränderung jeder Art zu schützen und das gewohnte innere Milieu von Gefühlen und Überzeugungen aufrechtzuerhalten. Es ist die Kraft, die Stabilität und Konstanz erhalten will. Um jeden Preis. Selbst um den Preis vollkommener Stagnation, Unglücklich-Sein und unter seinen Möglichkeiten bleiben.
Im MINDFUCK-Modus gilt: Safety first. Safety meint für diesen inneren Wächter des Altbekannten: alles weiter so lassen, so denken und so fühlen, wie es ist. Jede Veränderung wäre gefährlich, würde uns mit neuen Gefühlen und Erlebnissen konfrontieren, von denen wir nicht wissen, was sie genau bringen werden.
Solange wir MINDFUCK-Muster nicht überwinden, wird sich bei den Ambivalenzen also in der Realität immer die Stimme des Altbekannten durchsetzen. Die Stimme unserer wahren Träume und unseres eigentlichen Potenzials wird sich allerhöchstens einen minimalen Pfad bahnen können. Der Wächter wird immer fragen: Kannst du absolute Sicherheit garantieren? Und die andere Stimme wird antworten müssen: »Nein, ich muss erst lernen, wie ich auch in diesem Feld zu neuen Sicherheiten gelange.«
Kommen dann noch warnende Stimmen von außen hinzu, ist der Kampf für unsere wahren Träume verloren. Aus sehr nachvollziehbaren Gründen. Wenn wir also von uns verlangen, wie es der Wächter und die Außenwelt meist tun, in einer neuen Sache von vornherein genau Bescheid zu wissen und sicher zu wissen, dass es ein Riesenerfolg wird, sind wir auf verlorenem Posten. Wir müssen MINDFUCK grundsätzlich überwinden und unser wahres Potenzial aktivieren, wenn wir tiefe Lebensfragen neu beantworten wollen.
Der Unternehmer aus dem obigen Beispiel war über Jahrzehn-

te darauf trainiert, sich in der Wirtschaftswelt zu bewegen. Klar, dass er hier sicherer war. Die Kunstwelt war zu Beginn ein Rätsel für ihn, und er verglich sich mit den Größen, die schon vor Jahren oder Jahrzehnten die Entscheidung getroffen hatten, als Künstler zu leben. Für jede Art von Bewertungs-MINDFUCK ein gefundenes Fressen. Wir vergleichen uns mit denen, die viel weiter sind und mehr Zeit und Energie in eine Sache gesteckt haben, und können nur verlieren. Erst als der Unternehmer sich selbst als Künstler ernst nahm und gleichzeitig realistisch analysierte, wo er im Moment als Künstler stand und was zu tun war, um weiterzukommen – also erst als er das neue Leben als einen Weg, als einen Prozess und nicht als fertiges Ziel wahrnahm, konnte er sich von den Ambivalenzen befreien und in seinem Tempo seinen Weg gehen.
Aus den Überlebensstrategien seines alten Lebens wurden Lebensstrategien. Echte Lebensstrategien führen zu Sinn, Freude und einer hohen Lebensqualität. Sie lassen Sie jeden Tag gerne aufstehen und abends gar nicht einschlafen wollen, weil alles so aufregend ist. Wie in besten Kindheitstagen, nur diesmal in der viel mächtigeren, intensiveren und vollen Kraft des Erwachsenenlebens.
Für unser Coaching ist erst einmal wichtig, welche Haupt-MINDFUCKs bezogen auf unser Leben immer wieder vorkommen. Die sogenannten Charaktereigenschaften, und die Erfahrung, welcher MINDFUCK sich bei ambivalenten Themen meldet, sind ein erster Schritt auf der Suche nach unseren chronischen MINDFUCKs. Noch mehr Sicherheit gewinnen wir, wenn wir die MINDFUCKs hinter unseren Lebensthemen erkennen, verstehen und dann überwinden.

Die eigenen Lebensthemen erkennen

Wenden wir uns nun aufgeschlossen unseren bisherigen Problemfeldern zu. Jeder von uns hat solche Themen, die wir als Lebensthemen bezeichnen können. Die Wahrscheinlichkeit, dass ein Großteil auf MINDFUCK beruht und entsprechend überwunden werden kann, ist sehr hoch. Es sind die Probleme, die in der einen oder anderen Art immer wieder auftauchen, uns beschäftigen, uns ärgern, uns lähmen, zu schlechten Entscheidungen, Grübeleien und unmöglichem Benehmen führen. Für viele sind es immer wieder die gleichen Beziehungsprobleme, stetig auftauchende Geldprobleme, übermäßiger Stress, den man seit Jahren kennt und irgendwie nicht loswird, Unzufriedenheit mit dem eigenen Aussehen, Frust über fehlende Erfolge, übermäßige Langeweile und Leere, das Gefühl, dauernd mit Krankheiten beschäftigt zu sein, immer der falsche Chef, der falsche Job, die falsche Fortbildung, chronische Probleme mit dem anderen Geschlecht auf vielerlei Ebenen und vieles mehr.

Für unser Coaching geben wir nun erstmals Ihrem ganz großen, ganz persönlichen Lebensthema eine eigene Bühne. Voilà, es ist so weit.

Ich frage Sie also, was ist das Thema, das Sie am meisten stört, das immer wieder vorkommt und das die größte Verbesserung in Ihrer Lebensqualität bringen würde, wenn es gelöst ist?

Coaching-Part:
Die zentralen Lebensthemen identifizieren

MEIN GROSSES THEMA

____

____

____

Wie wäre mein Leben, wenn dieses Thema endlich gelöst wäre?

____

____

____

Danach wollen wir noch zwei weiteren Themen Raum geben. Möglicherweise haben Sie noch viele Lebensthemen mehr, was normal ist. In diesem Coaching geht es jedoch zunächst darum, dass Sie die Prinzipien von MINDFUCK kennenlernen und selbständig auflösen. Sie sind selbstverständlich frei und werden wahrscheinlich gar nicht anders können, als nach und nach alle Themen unter die Lupe zu nehmen.

Mein Lebensthema 2

____

____

____

Mein Lebensthema 3

Und nun noch ein freundlicher und ehrlicher Blick von außen. Wenn Ihre Freunde, wirklich gute Freunde, Ihnen eine einzige Sache sagen würden, die Sie in Ihrem Leben besser verändern oder in den Griff bekommen sollten: Ist dieses Thema bereits genannt? Wenn nicht, welches wäre das?

Ein letzter Blick auf die schmerzhaften Schwachstellen ist unseren Liebsten vorbehalten. Welche Veränderung würden Ihnen Ihr Partner / Ihre Partnerin und Ihre engsten Verwandten nahelegen? Bitte unterscheiden Sie genau, woran etwas dran sein könnte und was nichts mit Ihnen zu tun hat, sondern der MINDFUCK Ihrer Lieben ist:

Mein Geheimtipp: Es gibt immer die eine oder andere Sache, an der etwas dran ist, wenn wir sie in ihrem Kern freilegen. Meine Mutter hat mir zum Beispiel in meiner Pubertät und auch noch als junge Erwachsene immer wieder kleine fiese Seitenhiebe verpasst, die inhaltlich darauf abzielten, ich solle »nicht so streng« sein. Ich habe nie verstanden, was sie mir sagen wollte, und hielt es für eine ausgemachte Gemeinheit ihrerseits. Heute weiß ich, dass ihr meine starken Bewertungen sehr aufgefallen sind. Und sie hatte recht. Ich war in vielerlei Hinsicht nicht das moralische Vorbild, für das ich mich selbst hielt, sondern ein von Bewertungs-MINDFUCKs durchdrungener junger Mensch, der mit Verstandeskonstruktionen Sicherheit in einer Welt suchte, die er noch nicht verstand. Falls Sie also die vorhergehende Frage im sicheren Wissen der »Voreingenommenheit« Ihrer engsten Lieben übergangen haben sollten, lade ich Sie herzlich ein, der Sache noch einmal Ihre Aufmerksamkeit zu schenken. Sie könnte Goldadern für Ihre persönliche Entwicklung freilegen. Aber wie gesagt: Bleiben Sie auch da wach und unterscheiden Sie genau zwischen den Dingen, an denen etwas dran sein könnte, und denen, die möglicherweise mehr über den Feedbackgeber als über Sie selbst verraten.

Lassen Sie uns nun eine erste wichtige Bilanz ziehen.
Welche sind die drei Haupt-MINDFUCKs, mit denen Sie zu tun haben? Welcher kommt zuerst? Welcher ist der stärkste, das heißt die MINDFUCK-Art, die Sie am Ende immer zum Funktionieren bringt?

Mein MINDFUCK Nummer 1: ______________________

Mein MINDFUCK Nummer 2: ______________________

Mein MINDFUCK Nummer 3: ______________________

Sie wissen nun, welche Hauptstrategien Sie bisher nutzen, um sich in den gewohnten Bahnen zu halten. Wir wissen, dass wir genau damit gleichzeitig unsere Glücksfähigkeit und unser Potenzial beschränken.

Das Wertvollste am Wissen über unsere Haupt-MINDFUCKs ist, dass sie eine eindeutige und klare Spur zu dem Menschen legen, der wir wirklich sind. Im Laufe der letzten Jahre haben meine Klienten eklatante Durchbrüche erlebt, wenn Sie folgende Überlegungen ernst genommen haben. Hinter den Haupt-MINDFUCKs aber wartet der Mensch, der wir von unserem Wesen her eigentlich sind. Dieses Wesen ist unveränderlich, zu vergleichen mit dem grundsätzlichen Temperament, das wir von Geburt an mitbringen. Es ist schon in den ersten Lebensjahren zu beobachten und wird dann leider häufig von MINDFUCKs abgeschliffen und zugedeckt.

Der »dickste« MINDFUCK sitzt deshalb da, wo die größte Sprengkraft verborgen liegt, also da, wo eigentlich Ihre stärkste Ressource, Ihre ureigene Stärke und wahre Persönlichkeit liegen. Genau diese Stärke mussten Sie im Laufe Ihres Lebens mehrmals »abschleifen« und zuschütten, um in die Raster einer mental verbogenen Welt zu passen. Ich lade Sie also ein, sich auf einen auf den ersten Blick vielleicht vollkommen verrückt erscheinenden Gedanken einzulassen. Häufig ist unser eigentliches Wesen tief in uns selbst vergraben. Wenn wir es hervorholen und erstmals in ein liebevolles Licht setzen, kann es uns sehr fremd, ja geradezu verrückt und grotesk erscheinen. Geben Sie sich dann ruhig etwas Zeit. Es ist nur ein kurzes Fremdeln. Verrückt ist, wen wir aus uns gemacht haben, nicht, wer wir eigentlich sind.

Falls Ängste oder Gefühle von Ablehnung aufkommen, ist das ebenfalls normal und nachvollziehbar. Unser von MINDFUCK geprägtes Bild von uns selbst ist wie ein Sicherheitsschloss vor dem Menschen, der wir eigentlich sind und den wir aus der Perspektive der veralteten MINDFUCKs für nicht in Ordnung und vielleicht sogar für nicht überlebensfähig oder »realisierbar« halten. Dieses unsinnige, verrostete Sicherheitsschloss aufzubrechen kann erst einmal Unsicherheit und Ängste auf den Plan rufen. Die gute Nachricht ist, dass wir heute als erwachsene Menschen selbst sehr eigensinnige, besondere oder

Die Funktion von MINDFUCKs

MINDFUCKs dienen dazu, uns dahin zu bringen, dass wir sozial funktionieren. Sie suggerieren uns, nur mit diesen Überzeugungen eine reale Chance auf Überleben und Anerkennung bei anderen zu haben. Zu überleben und grundsätzlich von anderen gesehen und anerkannt und nicht abgelehnt und bekämpft zu werden sind aber zwei unabweisbare Grundbedürfnisse jedes Menschen. Unabhängig davon, wie eigenständig und individuell wir sein mögen, brauchen wir die Gewissheit, körperlich und geistig, aber auch sozial überleben zu können. Die Haupt-MINDFUCKs sind diejenigen mentalen Strategien, mit denen wir uns zwingen, sozial mit uns selbst und unserer Umwelt konform zu sein und uns so zu verhalten, dass wir keinen existenziellen Schaden an Leib, Psyche und Leben erleiden. Das Fatale ist, dass diese MINDFUCKs genau dieses Ergebnis in den fundamental veränderten Lebenssituationen des 21. Jahrhunderts nicht mehr sichern können. Im Gegenteil: Sie führen dazu, dass wir uns selbst sabotieren und eben nicht die wirkliche Sicherheit und soziale Anerkennung erfahren, die heute bereits längst da oder tatsächlich für jedermann möglich ist. Sie führen uns vielmehr in die Blockade und damit weg von gefühlter Sicherheit, weg von gefühlter Freiheit und weg von allen Formen echter Potenzialentfaltung.

abenteuerliche Seiten in uns erkennen, annehmen und realisieren können, ohne uns und unser Leben zu gefährden. Das weiß das kleine MINDFUCK-Monster in uns nur noch nicht und läuft dann erst einmal besonders Sturm. Es ist aber nur MINDFUCK.

Der folgende Coaching-Part ist herausfordernde Grundlagenarbeit und häufig leichter in einem echten Coaching von Angesicht zu Angesicht mit einem dafür ausgebildeten Coach zu schaffen. Dennoch können Sie es auch allein mit guten Aussichten auf Erfolg versuchen. Bleiben Sie bitte besonders hartnäckig dran, er ist ein wesentlicher Schlüssel für Ihre erfolgreiche Selbstbefreiung und Persönlichkeitsentwicklung.

Die Persönlichkeit hinter dem Sicherheitsschloss

Ich werde Ihnen im Folgenden die Persönlichkeit, die hinter dem MINDFUCK-Riegel wartet, für jeden der sieben MINDFUCK-Arten aufschlüsseln. Betrachten Sie meine Thesen als Denkangebot und experimentieren Sie damit, welche Gefühle und Gedanken aufkommen, wenn Sie diese Thesen als für Sie selbst stimmig zulassen.
Ein Beispiel für Sie: Als ich selbst für mich in Erwägung zog, trotz meiner ausgeprägten Katastrophen-Strategien in Wirklichkeit wahrscheinlich ein besonders neugieriger und wagemutiger Mensch zu sein, hat mich dieser Gedanken zunächst erschreckt und befremdet. »Ich und mutig? Das ist ja lächerlich!«, war mein erster abwertender Gedanke dazu. Dann habe ich mich dennoch darauf eingelassen und den Gedanken vertieft: Was wäre, wenn das wirklich stimmen würde? Welche Hinweise sprechen dafür, dass es stimmen könnte? Mir fiel spontan ein, was ich über Jahrzehnte vergessen hatte. Dass ich

als Kind drei große Wünsche hatte und jeden Abend betete, schneller alt zu werden, weil ich es nicht erwarten konnte, diese Träume zu realisieren: Sportdrachen fliegen, Motorrad fahren und allein über die Seidenstraße trekken. Nicht gerade Hobbys für Angsthasen.

Als ich endlich im richtigen Alter war, hatte ich mich mit Katastrophen-MINDFUCKs selbst so eingeschüchtert, dass bereits eine längere Fahrradtour mit schlimmsten Angstszenarien verbunden war. Die Entdeckung des Mutes in mir, ja sogar des besonderen Mutes und der angstfreien Lust auf außergewöhnliche Erlebnisse war so, als ob mir die berühmten Schuppen von den Augen fallen würden. Es war für mich eines der größten inneren Befreiungserlebnisse. Ich fragte mich weiter, was es für Folgen hätte, wenn ich ernst nehme, in Wahrheit ein sehr mutiger, aufgeschlossener und selbstsicherer Mensch zu sein. In Hunderten von Coachings konnten meine Klienten genau diese Erfahrung machen. Sie entdeckten den Menschen, der sie, vergraben unter Ihren MINDFUCKs, wirklich waren.

Hinter jedem MINDFUCK, den wir als Haupt-MINDFUCK pflegen, steckt also eine Eigenschaft, die Sie tatsächlich ausmacht und die darauf wartet, befreit zu werden. Sie ist der wichtigste Schlüssel und der Hebel für die erfolgreiche Selbstbefreiung und Potenzialentfaltung in allen Bereichen.

Coaching-Part:
Wie bin ich wirklich? Wer bin ich wirklich?

Bitte beachten Sie: Im folgenden Coaching-Part geht es ausschließlich um Ihren Haupt-MINDFUCK. Suchen Sie sich deshalb den von Ihnen identifizierten am stärksten ausgeprägten MINDFUCK aus und bearbeiten Sie zunächst nur diesen. Erst danach kommen die beiden weiteren Haupt-MINDFUCKs.

Der Katastrophen-MINDFUCK und wen er verbirgt

Nehmen wir an, Sie haben vor allem mit dem Katastrophen-MINDFUCK zu tun. Es ist sehr wahrscheinlich, dass neugierige, angstfreie Aufgeschlossenheit tief in Ihrem Innern eigentlich Ihre stärkste Eigenschaft ist und dass das, was Sie im Leben wirklich machen wollen, vor allem einen freien Kopf, Mut und Vertrauen ins Leben braucht. Und dass Sie das von Haus aus eigentlich mitbringen. Um sich in ein passendes Format zu bringen, haben Sie irgendwann gelernt, sehr kreativ Ängste zu entwickeln. Das zwingt Sie in Schonhaltungen, kostet aber die Qualität an Lebendigkeit, die Sie sich eigentlich erhoffen. Es ist der Korken, der zwischen Ihnen und Ihrer Lebendigkeit und vor allem Ihren alles andere als gewöhnlichen Vorstellungen, Sehnsüchten und Visionen liegt. Sie würden ohne die Angst ein anderes Leben führen. Vielleicht ein ganz und gar anderes. Ein intensives, starkes, abenteuerliches, außergewöhnliches Leben.

Wenn der Katastrophen-MINDFUCK zu Ihren Haupt-MINDFUCKs gehört:

Wenn ich darüber nachdenke, könnte da was dran sein,
weil

____

____

Gefühle und Gedanken, die aufkommen, wenn ich das ernst nehme

____

____

Was für ein Mensch bin ich dann **wirklich?**

____

____

Der Selbstverleugnungs-MINDFUCK und wen er verbirgt

Sie sind sehr geübt darin, sich selbst zu verleugnen und sich zurückzunehmen. Ich denke, dass Ihre Individualität, Ihr ureigener Selbstausdruck in der Tiefe eine so große Originalität besitzt, dass andere sich wirklich wundern würden, wenn Sie zeigen und ausleben würden, wer Sie wirklich sind. Vielleicht haben Sie irgendwann gelernt, dass diese Originalität anderen nicht zumutbar ist, dass man sie anstrengend fand, einfach zu herausfordernd und weit b der Norm. Möglicherweise haben Sie schon als Kind gewusst, dass Sie »anders«, einfach besonders sind, und haben sich manchmal fremd gefühlt in Ihrer Umgebung. Stellen Sie sich vor, Ihre eigentliche Stärke wäre die Fähigkeit zur Individuation, zur kreativen und ganz und gar einzigartigen Verwirklichung Ihrer ganz und gar originellen und alles andere als durchschnittlichen Persönlichkeit. Und nehmen wir an, Ihre eigentliche Fähigkeit wäre, genau diese originelle Individualität zu leben und gleichzeitig mit anderen wunderbar zu leben, zu lieben und zu arbeiten, ohne sich selbst zu verlieren?

Wenn der Selbstverleugnungs-MINDFUCK zu Ihren Haupt-MINDFUCKs gehört:

Wenn ich darüber nachdenke, könnte da was dran sein,
weil

____

Gefühle und Gedanken, die aufkommen, wenn ich das ernst nehme

____

____

Was für ein Mensch bin ich dann **wirklich?**

____

____

Der Bewertungs-MINDFUCK und wen er verbirgt

Nehmen wir an, Sie sind begnadet darin, sich mit anderen zu vergleichen und sich und andere zu bewerten. Was würden Sie denken, wenn bewertungsfreie Aufmerksamkeit, wirkliches Hinsehen, Hinhören, Wahrnehmen und eine tiefe Offenheit und Großzügigkeit anderen und dem Leben gegenüber Ihre eigentlichen Hauptstärken wären? Stärken, die so kraftvoll sind, dass Sie sie verbiegen und zurechthauen mussten, ja, dass Sie Ihre Ihnen angeborene Neugier, Offenheit, Wissbegierde und Lebendigkeit in ihr Gegenteil verkehren mussten, um nicht so gelassen und offen zu sein, wie Sie eigentlich sind? Vielleicht galten Sie einmal als naiv, und man hat sich Sorgen gemacht, dass Sie dem Leben nicht gewachsen sind, wenn Sie nicht lernen, alles sofort zu bewerten. Vielleicht gab es auch wichtige Menschen in Ihrem Leben, die selbst notorisch Ideale gepredigt und die Realität danach bemessen haben? Waren die Menschen, die Ihnen die Welt zum ersten Mal erklärt haben, zufrieden mit sich? Gehen Sie davon aus, dass genau Sie das alles nicht brauchen, dass Sie in Wahrheit ein außergewöhnlich offener, gelassener, großzügiger und sehr aufmerksamer Mensch sind. Sie sehen, was ist. Sie brauchen es nicht abwerten. Ein gutes gesundes Gespür, Geschmack und Urteilskraft sind Ihnen sowieso eigen. Wenn Sie diese ohne Bewertungssucht geschehen lassen, wird sich Ihr Leben entscheidend verbessern.

Wenn der Bewertungs-MINDFUCK zu Ihren Haupt-MINDFUCKs gehört:

Wenn ich darüber nachdenke, könnte da was dran sein, weil

____

____

Gefühle und Gedanken, die aufkommen, wenn ich das ernst nehme

____

____

Was für ein Mensch bin ich dann **wirklich?**

____

____

Der Druckmacher-MINDFUCK und wen er verbirgt

Wenn Sie sehr vertraut damit sind, sich und andere unter Druck zu setzen: Könnte es sein, dass die Fähigkeit zu Gelassenheit, Ruhe, Balance und Vertrauen in Ihre Fähigkeiten eigentlich so stark in Ihnen schlummern, dass nur Druck Sie dazu brachte, so zu sein wie die anderen und unter Schmerzen zu funktionieren? Kann es sein, dass Sie von Natur aus überdurchschnittlich selbstmotiviert und leistungsfähig sind, aber Ihr eigenes Tempo, Ihren eigenen Rhythmus haben und brauchen, um dann mit großer Lebensfreude das zu leisten, was Sie schaffen und erschaffen möchten? Um in Umfeldern zu funktionieren, deren Inhalte, deren Tempo oder deren allgemeine Stimmung eigentlich nicht zu Ihnen passen, haben Sie gelernt, dass Sie sich »einen Tritt geben müssen«. Sie haben Angst, dass Sie sonst alle viere von sich strecken und gar nichts mehr tun. Das aber ist nur MINDFUCK. Wenn Sie Ihre wahre Stärke der entspannten und gleichzeitig hochkonzentrierten inneren Motivation wirklich leben und sich nur mit Umfeldern abgeben, die das möglich machen, brauchen Sie den Druck nicht mehr und erkennen, dass Sie noch viel mehr schaffen oder gar nicht so viel schaffen möchten, als Sie sich bisher verordnen.

Wenn der Druckmacher-MINDFUCK zu Ihren Haupt-MINDFUCKs gehört:

Wenn ich darüber nachdenke, könnte da was dran sein, weil

____

____

Gefühle und Gedanken, die aufkommen, wenn ich das ernst nehme

____

____

Was für ein Mensch bin ich dann **wirklich?**

____

____

Der Regel-MINDFUCK und wen er verbirgt

Nehmen wir an, Sie sind ein Mensch, der sich notorisch an Regeln klammert. Was würden Sie sagen, wenn Sie in Wahrheit ein ziemlich außergewöhnlicher, kreativer Mensch sind? Ein echter Kreativer, offen für Experimente, neugierig auf neue Lösungen? Alles andere als stromlinienförmig? Was, wenn hinter all den Vorstellungen und Regeln eine Welt und das Leben wie ein freies, offenes Feld auf Sie warten würden und genau Sie der Mensch sind, der sich frei und offen das erschafft, was ihm wichtig ist?

Wenn der Regel-MINDFUCK zu Ihren Haupt-MINDFUCKs gehört:

Wenn ich darüber nachdenke, könnte da was dran sein,
weil

____

____

Gefühle und Gedanken, die aufkommen, wenn ich das ernst nehme

---

Was für ein Mensch bin ich dann **wirklich?**

Der Misstrauens-MINDFUCK und wen er verbirgt

Wenn Sie sich häufig als misstrauischen Menschen erleben: Was wäre, wenn es wahr ist, dass Sie eigentlich ein Mensch mit einem riesengroßen Herzen sind? Ein Mensch, der so offen für andere ist, der so sehr vertrauen kann, dass man ihm sagen würde, er sei eigentlich »zu gut für diese Welt«? Möglicherweise sind Sie früh in Ihrem Vertrauen enttäuscht oder von Menschen umgeben gewesen, die Ihnen beigebracht haben, zu misstrauen. Kann es sein, dass Ihre eigentliche Offenheit und wahre Toleranz Ihnen tief in Ihrem Innern durchaus bewusst sind und das Misstrauen ein Panzer ist, den Sie heute gar nicht mehr brauchen? Wenn der Panzer weg ist, fühlt sich das erst einmal an wie eine riesengroße Sauerstoffdusche. Sie können wieder atmen. Es prickelt überall.

Wenn der Misstrauens-MINDFUCK zu Ihren Haupt-MINDFUCKs gehört:

Wenn ich darüber nachdenke, könnte da was dran sein,
weil

____

____

Gefühle und Gedanken, die aufkommen, wenn ich das ernst nehme

____

____

Was für ein Mensch bin ich dann **wirklich?**

____

____

Der Übermotivations-MINDFUCK und wen er verbirgt

Wenn Sie dazu neigen, den Kick in der Übermotivation zu suchen: Was wäre, wenn Sie ganz ohne Tamtam der Mensch für die echten und großen Herausforderungen wären? Wenn Sie in Wahrheit entspannt, locker und unkompliziert sind? Der Mensch, der gleichzeitig wirklich etwas Großes, etwas Eigenes zu sagen hat? Und es auch – zum Schrecken sämtlicher innerer Wächter – umsetzen würde, wenn Sie sich nicht durch Übermotivation stören würden? Und wenn Sie gleichzeitig ein so normaler Mensch wären, dass Sie das alles nicht brauchen, weil

Sie in sich die Fähigkeit zu einem guten, erfüllten Leben, zu echter Weisheit so tief in sich tragen wie wenige andere? Weil Sie sich wirklich öffnen, dem Moment hingeben und das Leben in einer Tiefe genießen können, wie nur wenige andere.

Wenn der Übermotivations-MINDFUCK zu Ihren Haupt-MINDFUCKs gehört:

Wenn ich darüber nachdenke, könnte da was dran sein, weil

____

____

Gefühle und Gedanken, die aufkommen, wenn ich das ernst nehme

____

____

Was für ein Mensch bin ich dann **wirklich?**

____

____

Wie könnte Ihre Lebensgeschichte weitergehen?

Für viele Menschen ist dieser Coaching-Part überaus herausfordernd. Er eröffnet tiefe Erkenntnisse, die sehr berührend sein können. Und er öffnet das Tor zu allen MINDFUCKs dieser Welt. Sich zu erlauben, sich neu zu betrachten und eine bisher als »Eigenart« wahrgenommene Denkgewohnheit als unecht wahrzunehmen und anzuerkennen, ist für Ihre Psyche eine echte Herausforderung und ruft gewöhnlich den Wächter des Altbekannten auf den Plan.

Sehen wir uns noch ein Beispiel aus der Praxis an, das die Macht und die hohe Relevanz des vorhergehenden Coaching-Parts deutlich zeigt.

Andrea K. arbeitet als Angestellte in einer Webagentur. Sie leidet unter den langen Arbeitszeiten, hat den Eindruck, im Büro in einem wahren Hamsterrad gelandet zu sein. Sie ist eine Meisterin darin, Erwartungen anderer zu antizipieren und zu erfüllen. Und sie fühlt sich schlecht damit. Manchmal findet sie sich selbst richtig »zum Kotzen«. Andrea K. hat für sich erkannt, dass sie sich hauptsächlich mit dem Selbstverleugnungs-MINDFUCK, dem Bewertungs-MINDFUCK und dem Regel-MINDFUCK blockiert. Kommen alle drei zusammen, setzt sie sich auch unter starken Druck, um den eigenen strengen Vorgaben zu entsprechen. Als sie zum ersten Mal darüber nachdenkt, wer sie hinter diesen MINDFUCKs eigentlich sein könnte, lacht sie zunächst ungläubig auf. »Das kann nicht wahr sein. Ich doch nicht. Ich mache es doch allen recht. Ich eigentlich kreativ, individuell und originell? Das ist ja ein Witz! Eine Ausrede, meine eigene Faulheit zu rechtfertigen.«

Als sie sich entscheidet, sich dennoch auf diese Überlegungen einzulassen, fallen ihr plötzlich viele Momente, Erinnerungen und Gefühle ein, die zeigen, dass dieser angebliche Witz in

Wirklichkeit eine tiefe, über Jahrzehnte verdrängte Wahrheit ist. Schon als Kind dachte sie häufig, anders und besonders zu sein. Sie hatte ihren eigenen Kleidungsgeschmack, hatte Spaß daran, aus dem Rahmen zu fallen. Ihre Eltern gewöhnten ihr das schnell und nachhaltig ab. Sie warnten sie, beschimpften sie und drangen stetig darauf, Andrea solle sich nicht »einbilden, was Besonderes zu sein«, sondern sich »gefälligst so benehmen wie alle anderen auch«. Man redete ihr ein, sie müsse ihre Selbstsucht und ihre Eitelkeit unter Kontrolle bringen, sie würde es sonst beruflich und privat nirgendwohin schaffen.

Wenn Andrea als junge Frau später Berufswünsche äußerte, die aus der Sicht ihrer auf dem Land lebenden Familie »schräg«, »unmöglich« und »versponnen« waren, korrigierte sie sich im Lauf der Zeit selbst. Design studieren? Nicht »erlaubt«. Fotografin werden? »Blödsinn!« Andrea fasst in den folgenden Jahren nirgends Fuß. Bereits in ihren Zwanzigern blockiert sie sich mit ihren Haupt-MINDFUCKs so stark, dass sie aus ihren inneren Ambivalenzen gar nicht herausfindet und sich von Job zu Job hangelt. Sie ist 35, als sie sich zum ersten Mal mit dem Menschen konfrontiert, der sie eigentlich ist, immer war und den sie jahrzehntelang selbst bekämpft hat: eine kreative, originelle, besondere Frau, die in kein Raster passt, die Spaß am Experiment, am Tüfteln, am Kreieren hat. Eine Frau, die ihre ganz eigene Note hat und deren sehnlichster Wunsch es ist, sich in größtmöglicher Freiheit und Unabhängigkeit selbst zu entwickeln.

Als ich Andrea K. ein Jahr später treffe, ist aus der »grauen Maus« eine extravagante, auffällige Persönlichkeit geworden. Sie wirkt frisch, offen und bei sich angekommen. Sie arbeitet jetzt als freie Projektmanagerin für Kreativagenturen, hat eine Ausbildung zur Fotografin begonnen und schaut sich zum ersten Mal die Welt an.

Wie könnte Ihre Lebensgeschichte weitergehen, wenn Sie den Menschen zur Ausprägung bringen, der Sie wirklich sind? Notieren Sie sich Stichpunkte.

____

____

____

____

Noch ein kleiner Hinweis, falls Sie Schwierigkeiten mit der Akzeptanz bestimmter Eigenschaften haben sollten. In sehr wenigen Fällen erlebe ich im Coaching, dass Menschen im ersten Moment ausgesprochen große Widerstände gegen den Gedanken hegen, eine Seite in sich zum Vorschein zu bringen, die sie bisher mühsam mit MINDFUCK verdeckt und verdrängt haben. Sie sagen dann Dinge wie: »Ich und kreativ? Nie und nimmer. Ich hasse Kreative, die sind mir zuwider. Damit habe ich nichts am Hut.« Eine besonders starke emotionale Ablehnung lädt uns dazu ein, dieses normale psychologische Phänomen genauer anzusehen und uns im Erwachsenen-Ich bewertungsfrei damit auseinanderzusetzen. Wenn Sie in Ihrem vollen klaren selbstwirksamen Erwachsenen-Ich zu dem Schluss kommen, eine bestimmte Seite nicht mit sich selbst verbinden zu wollen, dann ist das Ihr gutes Recht. Es geht nicht darum, sich selbst um jeden Preis etwas Neues einzureden, sondern sich ehrlich und konstruktiv mit abgelehnten Seiten auseinanderzusetzen. Experimentieren Sie, was anders, besser in Ihrem Leben und in Ihren Entscheidungen wäre, wenn Sie den Anteil, den Sie bisher vielleicht ablehnen, in Ihre Persönlichkeit integrieren.

Überblick: Die wahren Stärken hinter den sieben MINDFUCKs

Katastrophen-MINDFUCK: Hinter der Angst warten die Lust auf außergewöhnliche Erlebnisse und ein ureigener, völlig natürlicher Mut darauf, entdeckt und für Ihr Leben eingesetzt zu werden.

Selbstverleugnungs-MINDFUCK: Hinter der Neigung, sich selbst hinter die Interessen von anderen einzureihen, warten Ihr eigener Individuationsprozess zu der originellen Person, die Sie eigentlich sind, und Ihre Fähigkeit, mit anderen zu kooperieren, ohne sich zu verlieren.

Bewertungs-MINDFUCK: Hinter der Angewohnheit, sich selbst und andere chronisch zu bewerten, warten Ihre fantastischen Fähigkeiten zur unvoreingenommenen Offenheit, zur feinen Beobachtungsgabe und dem Interesse an unterschiedlichsten Erscheinungsformen des Lebens.

Druckmacher-MINDFUCK: Hinter der Überzeugung, Druck zu brauchen, wartet die wunderbare Fähigkeit, entspannt, offen und mit bewundernswertem eigenem Timing ganz neue Ergebnisse zu erzielen.

Regel-MINDFUCK: Hinter der Fixierung auf Regeln und darauf, wie die Dinge zu sein hätten, warten eine atemberaubende, freie Kreativität und wirklich neue Ideen und Wege, die Sie und andere weiterbringen.

Misstrauens-MINDFUCK: Hinter dem Misstrauen steht eine ganze Welt voller Offenheit, der Fähigkeit, sich einzulassen und erwachsene, vertrauensvolle Begegnungen zu erleben.

Übermotivations-MINDFUCK: Hinter der Jagd nach dem Motivationskick warten das echte, tiefe Wissen darum, was wirklich wichtig und lebenswert ist im Leben und dass Sie jederzeit mit allem als erwachsener Mensch umgehen können, und die Fähigkeit, mit Gelassenheit und Vertrauen wirklich große Dinge zu bewegen.

Fassen wir zusammen, wie ein Mensch sein könnte, der sich von allen MINDFUCKs befreit hat: Er ist offen, neugierig, selbstbewusst, aufmerksam und selbstwirksam. Er ist originell, individuell, äußerst kreativ und an tiefen, vertrauensvollen Beziehungen interessiert. Er bringt in seinem eigenen Timing hervorragende Leistungen, gerade weil er sich nicht unnötig erpresst und unter Druck setzt. Wir sprechen von einem freien Menschen. Von einem freien Menschen, der sich erst in unserem Zeitalter zeigen kann.

Hat ein Mensch ohne MINDFUCK keine Probleme mehr? Natürlich nicht. Es gibt sie weiterhin, die großen Herausforderungen, aber er baut sie sich nicht selbst auf. MINDFUCK-frei sind wir alle erwachsen. Und können grundsätzlich mit allem umgehen.

Chronische MINDFUCKs einfach auflösen

Bei den chronischen MINDFUCKs gibt es unterschiedliche Schweregrade. Die leichteren »Kaliber« können Sie mit der gleichen Vorgehensweise auflösen wie die situativen MINDFUCKs, mit denen wir uns im ersten Teil dieses Coachings befasst haben. Sie finden das am besten durch Ausprobieren heraus.

Ein Beispiel aus meiner Coaching-Praxis zeigt, wie ich bei leichteren chronischen MINDFUCKs mit der einfachen Drei-Schritte-Technik arbeite.

Fallbeispiel:
»Mein ganzes Leben werde ich ausgebremst«
Sabine S. ist eine Frau, die immer an die falschen Chefs gerät. »Egal was ich mache, egal wie gut ich bin, ich werde immer von oben gebremst«, ist ihre Überzeugung. Sie kann viele detaillierte Beispiele erzählen, die davon handeln, wie sie zurückgepfiffen, gedemütigt, zuerst gefördert und dann gebremst wurde. Ihre Überzeugung ist: »Ich bin einfach zu gut für meine Chefs. Sie merken genau, dass ich mehr kann als sie. Und dann ist es aus für mich. Es ist reiner Neid und die Angst, dass ich besser sein könnte als sie, die sie alle dazu bringen, mich irgendwann zu mobben.«
Beruflich ausgebremst zu werden ist eines der schmerzhaftesten Lebensthemen von Sabine. Während andere, die mit ihr ausgebildet wurden, längst interessante Führungspositionen haben, ist sie immer noch Sachbearbeiterin. Eigentlich kommt sie ins Coaching, um Tricks zu lernen, wie sie sich endlich wirkungsvoll »wehren« kann. Sabine geht davon aus, dass das Thema chronisch ist. Sie sei, sagt sie, ein Mensch, der von anderen ausgebremst werde, das betreffe nicht nur die berufliche Ebene. Wenige Menschen könnten mit ihrer Energie und ihren

zum Teil wirklich genialen Ideen konstruktiv umgehen. Meistens bekomme sie einfach »eins drauf«.
Sabine S. und ich sitzen zusammen. Wir nehmen die Sache ernst. Es bringt viel Schmerz und Enttäuschung in ihr Leben. Wir wollen uns das Thema einmal im geschützten Raum genau ansehen. Ich bin ihr Sparringspartner, auf dessen klaren Blick und dessen Unvoreingenommenheit sie sich verlassen kann. Ich frage sie ernst und offen, wie sie sich fühlt, wenn sie über dieses Lebensthema spricht und nachdenkt. Sie sagt: Schlecht. Sehr schlecht sogar. Es ist eine Mischung aus Aufregung, Ärger, Wut und dem Gefühl, ohnmächtig zu sein, das sich zusammenbraut, wenn sie darüber nachdenkt. Sabine S. ist sofort klar: Da ist MINDFUCK im Spiel. Ein Gefühl, das zwischen Allmacht und Ohnmacht pendelt, das Gefühl, ein Opfer zu sein, ein schablonenartiges Denkschema, das immer in einer mentalen und gelebten Sackgasse endet. Sie benennt es selbst: Bewertungs-MINDFUCK, Misstrauens-MINDFUCK und latenter Übermotivations-MINDFUCK. Und bringt es nachdenklich noch einmal selbst auf den Punkt: »Stimmt. Eigentlich denke ich, ich bin total genial und die anderen viel dümmer als ich und deshalb neidisch und bösartig. Am Ende bin ich fein raus und dennoch das Opfer.« Ihr Fazit: »Sehr unbefriedigend!«
Ich lade sie im nächsten Schritt dazu ein, sich die Thematik einmal aus der Perspektive der fähigen, selbstwirksamen und balancierten erwachsenen Frau anzusehen, die sie ja tatsächlich ist. Manchmal hilft da auch ein Blick von außen auf sich selbst. Sie atmet tief durch, richtet sich auf. »Na dann sieht die Sache natürlich anders aus. Ich merke, dass ich Vorgesetzten gegenüber schon lange nicht mehr unvoreingenommen und offen bin. Ich bin schon auf Krawall gebürstet, wenn ich an meine Chefs denke. So hat keiner eine Chance, zu mir durchzudringen. Ich mache mein Ding, bis ich eine draufkriege. Und wenn ich mir das von außen ruhig ansehe, verstehe ich meine Vorgesetzten sogar. So kann man mit niemandem arbeiten.«

Ich frage sie, aus welcher Ich-Haltung heraus sie agiert, wenn sie »auf Krawall gebürstet ist«. Es entfährt ihr sofort: »Aus dem Kind-Ich natürlich. Trotzig, wütend, misstrauisch und sofort beleidigt, wenn es nicht genau so läuft, wie ich es mir vorstelle.« Sie schüttelt den Kopf. Ich habe großen Respekt vor der Offenheit von meiner Klientin. Ich rege sie an, sich jetzt nicht zu bewerten, sondern die große Chance, die in diesem ehrlichen Selbstfeedback liegt, unmittelbar zu nutzen. »Welche Chance?«, fragt sie, und ich gebe die Frage an sie zurück. Sie antwortet: »Ich kann ja doch weiterkommen. Es stimmt ja gar nicht, dass ich immer das Opfer bin und nur gebremst werde. Das ist schon eine gute Nachricht.« Wir sprechen eine Weile über die Kunst, sich führen zu lassen, die die Voraussetzung ist, auch andere führen zu können. Dann frage ich sie, wie sie die gesamte Thematik betrachtet, wenn sie nicht nur als erwachsene Frau, sondern auch mit Neugier, Vertrauen und Freude an der Erfahrung darauf blickt. Ihre Gesichtszüge hellen sich sofort auf. »Ja, da gibt es eine Menge zu entdecken und zu lernen. Ich weiß ja gar nicht, wie mein Chef wirklich ist. Ich habe ihn ja nur durch meine eigene Verdunklungsbrille gesehen. Ich werde mir zum ersten Mal anhören, was er wirklich sagt und denkt, und bin, ehrlich gesagt, wirklich schon neugierig darauf. Ich möchte gerne wissen, wie er unsere Aufgaben sieht und welchen Beitrag er sich von mir wünscht. Und ich habe Lust darauf, ihm und mir zu zeigen, dass ich das kann.«

Sabine S. war sehr überrascht von ihren eigenen Worten. »Habe ich das jetzt gesagt?«, fragte sie mehrmals im Laufe der elegant-leichten Lösungsfindung in unserem Gesprächs-Pingpong. In der Tat sprach zum ersten Mal die erwachsene Sabine S. ohne MINDFUCK über sich als professionelle Person. Die andere, kindliche-trotzige Stimme war ihr schon so in Fleisch und Blut übergegangen, dass sie die MINDFUCK-freie Position zunächst als wesensfremd und überraschend empfand. Das ist normal für chronische MINDFUCKs und gibt sich sehr schnell. Wir alle können in wenigen Momenten erwachsene Perspektiven einnehmen und uns in einer bisher nicht gekannten Kompetenz, Reife und Selbstwirksamkeit erleben. Und wieder: Das ist kein Spuk, sondern das normale Potenzial jedes erwachsenen Menschen, der sich nicht mehr selbst sabotiert.

Bei einfachen chronischen MINDFUCKs wie diesem reicht es also, mit der Drei-Schritte-Technik in ihrer einfachen Form zu arbeiten.

Ich lade Sie deshalb im nächsten Coaching-Part dazu ein, sich ein paar chronische MINDFUCKs auszusuchen, die Sie bereits notiert haben, und diese zunächst probeweise mit der Drei-Schritte-Technik zu bearbeiten. Zur Erinnerung und Erleichterung für Sie habe ich das folgende Arbeitsblatt vorbereitet.

Coaching-Part: MINDFUCKs überwinden mit der Drei-Schritte-Technik

Was ist das Thema?

____

____

Welche MINDFUCKs sind darin enthalten?

____

____

Wie sehe ich das Thema, wenn ich es als selbstwirksamer, balancierter Erwachsener betrachte?

____

____

Was passiert, wenn ich mich dem Thema darüber hinaus noch mit Neugier, Vertrauen und Freude an der Erfahrung zuwende?

____

____

Wenn Sie möchten, gehen Sie nun jeden MINDFUCK mit dieser einfachen Drei-Schritte-Technik durch. Die folgende Vertiefung brauchen Sie nur für diejenigen MINDFUCKs, die Sie damit noch nicht ganz auflösen können, oder dann, wenn es bei der Umsetzung in der Realität hakt.

Schwere chronische MINDFUCKs überwinden

Oft ist nicht auf den ersten Blick zu erkennen, welcher chronische MINDFUCK nur leichte Anstöße braucht und welcher uns abverlangt, die Dosis deutlich zu erhöhen. In der Regel sind diejenigen chronischen MINDFUCKs herausfordernder und brauchen noch mehr konzentrierte Aufmerksamkeit, die eine wirklich tiefe und nach außen deutliche Lebensveränderung mit sich bringen.
Einige meiner Klienten verändern ihr Leben im Laufe ihres Selbstbefreiungsprozesses so stark, dass sich alle Lebensbereiche fundamental verändern. Stellen Sie sich vor, Sie verlassen Ihre Familie, geben Ihren Beamtenstatus auf, unterziehen sich einer Geschlechtsumwandlung und ziehen auf eine Südseeinsel, auf der Sie endlich die Bar eröffnen, von der Sie schon lange geträumt haben. Ja, Veränderungen können wirklich einschneidend sein. Sie müssen natürlich nicht immer so extrem sein wie

in unserem Beispiel. Für unser Innenleben können sich aber auch kleinere Veränderungen anfühlen wie eine Geschlechtsumwandlung. Zum ersten Mal einem bestimmten Menschen die Wahrheit zu sagen kann unser Innenleben zum Beispiel stark in Wallung bringen. Jeder von uns bringt da andere Sensibilitäten mit. Jedes Mal aber, wenn es wirklich ernst wird, brauchen wir, bildlich gesprochen, eine höhere Dosis Anti-MINDFUCK-Strategien.

Zunächst haben wir auch hier die Aufgabe, die MINDFUCKs, die im Spiel sind, zu erkennen. Wir können die Analyse aber um die verborgene Persönlichkeit hinter den Haupt-MINDFUCKs erweitern, die Sie bereits kennengelernt haben. In diesem Moment betrachten Sie das Thema bereits als der Mensch, der Sie in Ihrem Potenzial wirklich sind. Sie können es dann häufig automatisch, wie Andrea K. aus eine der vorangegangenen Beispiele, bereits selbst lösen. Allein die Erkenntnis, eine zutiefst freiheitsliebende, kreative und hochindividuelle Persönlichkeit zu sein, half ihr, sich aus ihren beengten beruflichen Verhältnissen zu lösen und völlig neue Entscheidungen zu treffen.

Der zweite Schritt, der Wechsel in das selbstwirksame, balancierte Erwachsenen-Ich, wird ebenfalls deutlich erweitert. Er wird noch tiefer und intensiver hinterfragt und gefestigt als in der einfachen Variante. Für wirklich lebensverändernde Themen brauchen wir die volle Kraft und die gesamte Reife unseres inneren Erwachsenen, und die müssen wir häufig zu Beginn erst einmal bewusst aktivieren. Manche Menschen haben Angst davor, gar kein starkes Erwachsenen-Ich zu besitzen. Dem ist aber nicht so. Vergleichen Sie es mit einem Internet-Account, der zwar schon lange da ist, den Sie aber noch freischalten müssen. Jeder Mensch kann in sein volles Erwachsenen-Ich wechseln und dieses auch immer weiter trainieren und verfeinern. Sehen wir uns nun an, wie das geht.

Die Dosis erhöhen: Leben im Erwachsenen-Ich

Das Wissen um das eigene Wesen und die außerordentlich interessanten Wachstumsfelder ist das eine. Die Fähigkeit, dieses Wissen auch praktisch zu nutzen, muss dazukommen. Die einfachste Form, dieses Wissen umzusetzen, besteht darin, sich im Erwachsenen-Ich zu befinden. Manche sind es, sobald sie die Erkenntnis gewinnen, von selbst. Andere können sich helfen hineinzukommen.

Wichtig ist, dass wir zunächst ein wirkliches und tiefes Gefühl dafür bekommen, was es bedeutet und wie attraktiv es ist, in diesem erwachsenen Zustand zu sein. Wenn ich Menschen frage, was sie mit Erwachsen-Sein verbinden, sehe ich oftmals in lange Gesichter: »Rational, immer vernünftig, irgendwie langweilig.« Das ist übrigens ein ganz ähnliches Bild, wie es Kinder von Eltern und anderen Erwachsenen haben. Sie können beides oft nicht genau unterscheiden. Viele Menschen verbinden bis heute mit dem Erwachsenen-Ich vor allem die rein rationale Vernunft. Sie halten sich für erwachsen, wenn sie sich rational verhalten, obwohl sie sich bei genauerem Hinsehen mit dem Eltern-Ich und seiner Vorstellung von »Vernunft« identifizieren. Dieses Bild vom Erwachsen-Sein gehört aus meiner Sicht ins letzte, wenn nicht ins vor- und vorvorletzte Jahrhundert. Sicherlich ist ein erwachsener Mensch in der Lage, seinen Geist und seine Vernunft einzusetzen, impulsives durch rationales Verhalten zu ersetzen oder insgesamt eine reflektierende Haltung sich selbst und seinen Handlungen gegenüber einzunehmen. Dennoch ist das ein sehr eng gefasster Begriff vom Erwachsen-Sein.

Heute ist ein erwachsener Mensch weit mehr als ein aufgeklärter Mensch, der zu denken in der Lage ist. Heute erwachsen zu sein ist ein ungeheuer aufregender, freier, intensiver Zustand, der randvoll mit Möglichkeiten ist. Nur in diesem Zustand sind wir in unserer vollen Kraft und Wirksamkeit. Wir sind in diesem Zustand offen und neugierig, fähig und konzentriert, wir wissen um das, was wir brauchen und was wir wollen, und wir finden Mittel und Wege, es zu erreichen. Wir können die Realität glasklar sehen und verstecken uns nicht vor ihr, sondern gehen mit ihr um, bewegen uns in ihr, machen Erfahrungen und lernen. Mit jedem Tag werden wir fähiger, mutiger und im wahrsten Sinne des Wortes selbst-bewusster. Mit jedem Tag konzentrieren wir uns mehr auf unsere Lebensqualität.

Was man von Spiderman, Catwoman und James Bond lernen kann

Manchmal gebe ich meinen Klienten den Tipp, sich einmal ganz bewusst Filme mit Heldenfiguren wie Spiderman oder Catwoman anzusehen. Es geht in diesen Geschichten immer um die klassische »graue Maus«, die sich über eine Art Zauber zu einem Helden entwickelt, der übermenschliche Fähigkeiten hat. Zieht man die extremen körperlichen Fähigkeiten ab, die tatsächlich übermenschlich sind, dann entwickeln sich diese Helden im Grunde immer zu voll ausgebildeten Erwachsenen. Sie sind gar nicht so übermenschlich, wie wir aus der Perspektive der grauen Maus denken. Sie nehmen ihr Leben in die Hand, nehmen Risiken in Kauf, trauen sich etwas, haben ihre persönliche Mission, sehen Sinn in ihrem Leben. Sie treffen Entscheidungen, und sie sind konsequent in dem, was sie tun. Im Grunde ist die Botschaft dieser Filme an uns, dass in jedem von uns so ein Held oder eine Heldin steckt. Seit mir das aufgefallen ist, sehe ich vor allem James-Bond-Filme mit anderen

Augen. Früher habe ich mir häufig mit Bewertungs-MINDFUCKs den Film vermiest. Ich hatte den Eindruck, dass James Bond einfach ein eingebildeter Macho ist. Heute sehe ich das anders. Dieser Mann weiß sein Leben zu genießen! Er liebt seinen Job, erlebt Abwechslung und Abenteuer, lässt sich durch schlechte Erfahrungen – auch mit Frauen – nicht vom Lieben abhalten. Er fährt Rennen, klettert Berge hinauf, steuert Hubschrauber und Flugzeuge und weiß genau, was er will und wie er es will. Selbst in Details, zum Beispiel beim Cocktail: geschüttelt, nicht gerührt. Er kennt die schönsten Orte auf der Welt, weiß sich zu kleiden, achtet auf sich, hat einen feinen Humor. Diese Figur ist gar nicht fähig, MINDFUCK zu betreiben. Schlechte Erfahrungen lässt James Bond hinter sich, anstatt sie zu einem MINDFUCK-Berg aufzutürmen. Würde er das tun, wäre er nicht er selbst. In Momenten, in denen ich beginne, mich zu langweilen, frage ich mich deshalb manchmal, was eine Jane Bond jetzt wohl in meiner Situation tun würde.

Vielleicht ist es auch für Sie reizvoll, sich eine Ihnen sympathische Heldenfigur als eine Art »Paten« zu nehmen, der Sie in der ersten Zeit beim Abschied vom MINDFUCK begleitet und Sie dazu inspiriert, den Erwachsenen, der Sie sind, aufregend, attraktiv und authentisch zu leben. Denn darum geht es: Voll und ganz im Erwachsenen-Ich zu sein ist der attraktivste Zustand für jeden Moment unseres Lebens. Aber nicht nur das. Die Fähigkeit, jederzeit ins eigene Erwachsenen-Ich zu gehen, ist in jeder Situation, die uns herausfordert, unsere persönlich wichtigste Schlüsselkompetenz.

Der entscheidende Erfolgsfaktor in allen Lebensfragen

Ich meine es ernst. Alles steht und fällt mit unserer Fähigkeit, ins Erwachsenen-Ich zu gehen. Das Abrutschen in Kind-Ich- oder Eltern-Ich-Zustände ist die Wurzel allen Übels. Sie können jedes, wirklich jedes Problem, mit dem Sie sich selbst herumschlagen, exakt darauf zurückführen. Kein Problem wird gelöst, wenn Sie auf den unteren Ebenen bleiben. Kein Traum wird wahr, wenn Sie im Kind-Ich oder Eltern-Ich verharren. Werden doch Träume verwirklicht, die vielleicht sogar ungefiltert aus dem Kind-Ich oder Eltern-Ich stammen, dann fühlen sich diese leer und falsch an. Sie fühlen sich dann entweder an, als ob sie einem jederzeit wieder entgleiten und in den Fingern zerrinnen würden, oder sie fühlen sich an wie eine anstrengende Pflicht, die nun erfüllt wurde. In einem Fall ist die Folge Angst vor Verlust, im anderen ein Gefühl von Erschöpfung und Sinnlosigkeit.

Selbst wenn das Problem tatsächlich im Außen liegt, steht und fällt unsere Fähigkeit, damit angemessen und produktiv umzugehen, in unserem persönlichen Innenleben. Nur in der Haltung des selbstwirksamen, balancierten Erwachsenen können wir unser volles Potenzial verwirklichen und MINDFUCK nachhaltig überwinden.

Als Erwachsene brauchen wir unser Kind-Ich nicht mehr

Brauchen wir denn, wenn wir das alles betrachten, das Kind- und das Eltern-Ich gar nicht mehr? Und ist es immer »schlecht«? Im Gegensatz zu meinen sehr geschätzten therapeutischen Kollegen aus der Transaktionsanalyse bin ich der Meinung, dass wir diese beiden inneren Haltungen tatsächlich nicht mehr brauchen. Wir können innerlich frei, kreativ, verspielt, sorglos ebenso gut und sogar besser aus dem Erwachsenen-Ich heraus sein. Und wir können auch aus dem Erwachsenen-Ich heraus Verantwortung übernehmen, entscheiden, auftragen, sogar befehlen, lehren und umsorgen. Wir können alles, was wir tun und denken, in grundsätzlicher Augenhöhe mit uns selbst und anderen tun. Die Ergebnisse dieser Sichtweise sind fulminant, egal ob Sie Elternteil sind, führen müssen oder großen kreativen Freiraum für Ihr Leben brauchen: Alles, buchstäblich alles, ist leichter und wirksamer aus dem Erwachsenen-Ich heraus.

Die magischen vier Fähigkeiten

Im Erwachsenen-Ich haben wir automatisch vier Fähigkeiten, die uns befähigen, MINDFUCKs zu überwinden und unser volles Potenzial zu entdecken.

1. **Sich selbst ernst nehmen**
2. **Die innere Sicherheit stärken**
3. **Impulse erkennen, unterscheiden und steuern**
4. **Risiken richtig einschätzen**

Immer dann, wenn diese Stärken nicht zum Einsatz kommen, kann uns schwerer MINDFUCK zusetzen und uns chronisch blockieren. Wenn wir also schwere MINDFUCKs überwinden wollen, ist es wichtig, alle vier Fähigkeiten zu verstehen, durchzugehen und im Bedarfsfall zu aktivieren.

Den Erwachsenen in uns aktivieren

Lassen Sie uns diesen inneren Erwachsenen besser kennenlernen, denn er kann bereits viel mehr, als Sie sich vielleicht bewusst sind. Möglicherweise hat er in uns bisher eine Art Schläfer-Dasein geführt. Er war zwar da, aber wir waren eher mit den Spielchen der unteren Ebenen beschäftigt. Wenn wir ihn als grundsätzliche Lebenshaltung entdecken, kann er einiges für uns tun, denn er ist definitiv unsere bessere Hälfte – oder besser: unser wahres Selbst.

Coaching-Part: Selbsteinschätzung Erwachsenen-Ich

Welche Noten würden Sie sich in Ihrem Leben auf einer Skala von 0 bis 10 (0 ist »unterirdisch«, 10 ist »fantastisch«) in Bezug auf diese vier Paragraphen geben?

Inwieweit nehmen Sie sich selbst, Ihre Träume und Ihre Lebenszeit ernst?

____

Wie sicher fühlen Sie sich in Ihrem Leben?

____

Wie gut gelingt es Ihnen, guten Impulsen zu folgen und schädliche Impulse wirksam zu kontrollieren?

____

Wie risikofreudig sind Sie?

____

Kennen Sie dennoch auch die Grenzen von Risiken?

Wir können diese Fähigkeiten, die wir alle als Erwachsene haben, nicht nur einfach in uns entdecken und zur Blüte bringen, sondern auch gezielt trainieren, damit wir sie ohne nachzudenken automatisch aktivieren.

Sich selbst ernst nehmen

Alles beginnt damit, dass wir uns selbst ernst nehmen. Dieser Satz gehört zu den wenigen Mantras, die ich immer wieder bemühe. Im MINDFUCK-Modus nehmen wir uns selbst und unsere Bedürfnisse, Wünsche oder Ziele nicht ernst. Deshalb glauben wir, uns blockieren zu dürfen oder gar blockieren zu müssen. Das Ernstnehmen des eigenen Lebens aus einer wahrhaftigen, erwachsenen Perspektive heraus ist der allererste Schritt und gleichzeitig der größte Durchbruch, den wir in unserer persönlichen Entwicklung gehen können.

Mit dem Unternehmer, der seine Berufung in der Kunst sah, habe ich in den ersten Sitzungen ausschließlich daran gearbeitet, dass er sich selbst und die Kunst ernst, wirklich ernst nahm. Im zweiten Schritt begann er, den Geschäftsmann ernst zu nehmen, der er auch war. Erst als er zu beiden Positionen und Rollen in seinem Leben eine ernsthafte erwachsene Haltung eingenommen hatte, konnte er wirklich frei und wirksam entscheiden, ob er eines von beiden loslassen oder beides behalten wollte. Solange wir einem Thema gegenüber im Kind-Ich oder Eltern-Ich sind, nehmen wir es nicht wirklich ernst. Wir verniedlichen es, verharmlosen es, dämonisieren es und vieles mehr, was uns an Manipulations- und Kampftechniken aus unreifen oder überanstrengten Tagen einfällt. Wir haben dann keine klare Relation zu den Dingen, es fehlen die realistische Wahrnehmung und die nachhaltige Handlungsfähigkeit.

Grundlagentraining: Der Erwachsenen-Radar

Erinnern Sie sich bitte an Ihre Kindheit.* Denken Sie nun an die erwachsenen Menschen, mit denen Sie gerne zu tun hatten – ausgenommen Ihre engsten Verwandten. Vater, Mutter, Oma und Opa zählen also nicht. Auf welchen Besuch haben Sie sich gefreut? Mit welchen Erwachsenen hatten Sie wirklich gerne zu tun? Welche Menschen fallen Ihnen ein?

____

____

Warum diese Menschen? Was war so attraktiv an Ihnen? Warum haben Sie gerne Zeit mit ihnen verbracht?

____

____

Wie sind diese Menschen mit Ihnen umgegangen?

____

____

* Diese Übung verdanke ich meinen verehrten Kollegen Timothy Gallwey und Sir John Whitmore.

Wie haben Sie sich dadurch gefühlt?

Die meisten Menschen antworten, dass sie sich ernst genommen fühlten. Dass diese Erwachsenen sie auf Augenhöhe behandelt hätten, obwohl sie noch klein gewesen wären. Sie berichten, dass Sie sich Zeit für sie genommen hätten, Humor gehabt hätten und auch mal über sich selbst gelacht hätten. Teilen Sie diese Sicht?
Die Menschen, die Sie in dieser kurzen Übung genannt haben, sind wahrscheinlich die ersten Vorbilder Ihres eigenen Erwachsenen-Ichs gewesen und haben diesen Anteil in Ihnen zum Klingen gebracht. Wie lange ist es her, dass Sie mit Ihnen zu tun hatten?

Es gibt nichts Mächtigeres, nichts Anziehenderes als eine Begegnung mit Menschen, die sich im vollen selbstwirksamen und balancierten Erwachsenen-Ich befinden. Es ist getragen durch die Fähigkeit, sich selbst und andere ernst zu nehmen und auch darüber lachen zu können. Nur wer sich ernst nimmt, kann auch ernsthaft über sich lachen. Andernfalls ziehen wir uns höchstens ins Lächerliche. Erwachsene aber, die über sich lachen, machen sich nicht lächerlich, sondern zeigen eine anziehende Stärke. Jeder von uns kennt das. Es ist wieder etwas, das attraktive, charismatische Menschen ausmacht. Wir erinnern uns auch nach Jahrzehnten an sie. Jeder von uns kann das.

Coaching-Part: Was passiert, wenn Sie sich ernst nehmen?

Denken Sie spontan darüber nach, in welchen Punkten Sie sich selbst ernst nehmen sollten, ernster, als Sie es vielleicht bisher tun? Nehmen Sie Ihre Träume bereits ernst? Ihre realistischen, nicht MINDFUCK-getriebenen Ängste auch?

____

____

Möglicherweise erinnert Sie diese Übung nun an das, was Sie bisher mit dem Erwachsenen-Ich verbunden haben. Rationalität und Ernst.

Wie aber fühlt es sich an, wenn Sie versuchen, auch den nach Intensität, Abenteuer, Erotik und Genuss strebenden Menschen in sich ernst zu nehmen? Was fällt Ihnen dazu spontan ein? Was würden Sie tun, wenn Sie sich in diesen Feldern wirklich ernst nehmen? Was würden Sie lassen?

____

____

Natürlich dürfen Sie über so viel Ernst zwischendrin auch lachen. Es soll ja noch Spaß machen. Es geht hier nicht um eine neue Verbissenheit, sondern um den gelassenen Ernst des attraktiven, selbstwirksamen Menschen, der Sie sind.

Nun zurück zu Ihren Lebensthemen. Zuerst das »große Thema«. Was ist, wenn Sie sich in Bezug auf dieses Thema komplett und kompromisslos ernst nehmen?

____

____

Was müssen Sie zuallererst ernst nehmen?

____

____

Was passiert oder was muss passieren, wenn Sie das wirklich ernst nehmen?

____

____

Gehen Sie diese Fragen nun auch mit Ihren Lebensthemen 2 und 3 durch.

Das Thema ernst zu nehmen war für mich erst vor kurzem der Durchbruch in einem Lebensthema. Ich hatte mich gut mein halbes Leben mit starkem Übergewicht gequält und zuletzt Kleidergröße 50 getragen. Dennoch machte ich wie gewohnt weiter und fühlte mich durch zahlreiche MINDFUCKs blockiert. Auf der MINDFUCK-Schaukel zwischen Ohnmachtsgefühlen und Diäteuphorie hin und her schwankend, wurde ich immer dicker statt schlanker. Ich misstraute mir am Ende selbst und stellte mir das Zeugnis »unverbesserlich veränderungsresistent« aus. Ein ziemlich trauriges Zeugnis für einen Coach. Irgendwann dämmerte es mir, dass ich mich an diesem Punkt selbst nicht mehr ernst nahm. Ich hatte mir eine Narrenkappe aufgesetzt und machte lieber Scherze über mein Problem, statt meine Situation und mich selbst ernst zu nehmen. Erst ein offenes Gespräch mit einer Ärztin öffnete mir in dieser Hinsicht die Augen. Ich begann, mich wieder selbst ernst zu nehmen, und konnte dadurch neues Vertrauen in mich selbst, meine Veränderungsfähigkeit und die Möglichkeit, einen guten Weg zu gehen, finden.

Ein weiteres zentrales Kompetenzfeld gehört zur vollen Reife des Erwachsenen-Ichs: der konstruktive und selbstwirksame Umgang mit den eigenen Ängsten.

Die innere Sicherheit stärken

Hinter allen MINDFUCKs steckt Angst. Die Angst vor Scham, Schmerz, Schuld, Ausgrenzung und Ohnmacht und der Wunsch nach Sicherheit und Kontrolle. Vor allem bei den schweren chronischen MINDFUCKs regiert im Hintergrund eine irrationale Angst. Wenn wir MINDFUCK überwinden, besiegen wir auch unsere irrationalen Ängste. Aus meiner Erfahrung in der Arbeit mit dem MINDFUCK-Ansatz sind es nicht nur irrationale Ängste um die eigene schiere Existenz, um unsere körperliche und geistige Unversehrtheit. Häufig sind es vor allem soziale Ängste, die uns dazu bringen, uns selbst zu lähmen. Die Angst, anderen nicht zu genügen, nicht geliebt zu werden, andere zu verletzen, schuldig zu werden oder überwältigende Gefühle von Scham, Ungerechtigkeit oder Auslieferung zu erleben. Kurz: Die Angst vor der eigenen Ohnmacht vor den Augen anderer ist eine der wesentlichen Triebkräfte dessen, was wir heute als mentale Selbstsabotage erleben. Wir legen mit Hilfe unseres auf gestern gepolten Denkens eine innere Bremse ein, die uns genau davor schützen soll. Die Ursachen für dieses aberwitzige Verhalten habe ich bereits in meinem ersten MINDFUCK-Buch erläutert: Soziale Ängste dieser Art sind ein Erbe aus der autoritären und bipolar organisierten hierarchischen Welt unserer Vorfahren, und sie reichen bis hinein in unser heutiges Leben.

Je größer die Unsicherheitszone in Ihnen ist, desto mehr haben Sie wahrscheinlich mit MINDFUCK zu tun. Je mehr Sie sich MINDFUCK »durchgehen lassen«, desto kleiner wird Ihre gefühlte Sicherheitszone, und desto größer und stabiler wird die innere Unsicherheitszone. Umgekehrt gilt aber auch: Je mehr Sie MINDFUCK überwinden, desto größer wird die Sicherheitszone in Ihnen. Erst wenn wir uns unseres derzeitigen Standes an tiefliegenden sozialen und existenziellen Ängsten bewusst sind, können wir diese Grenze bewusst verschieben.

Ein Gefühl für die eigene Sicherheit gewinnen

Das Zauberwort ist Ihr Gefühl für Ihre persönliche Sicherheit. Wenn Sie diese Zone in sich ausdehnen, haben Sie so gut wie **keine Angst mehr.** Das klare Wissen darum, was Sie aushalten und womit Sie umgehen können, wenn es sein muss, macht Sie stärker als alles andere und zusätzlich immun gegen emotionale Erpressung, Manipulationen und andere unschöne Erfahrungen, die man in MINDFUCK-geschwängerten Beziehungen machen kann. Sehen wir uns an, wie wir bewusst gegensteuern und völlig neue Stärke und Selbstgewissheit aufbauen können.

Lebensqualität in den Vordergrund stellen

Es gibt mindestens zwei alternative Strategien, mit denen Sie Ihre »innere« Sicherheitszone vergrößern können. Eine Variante besteht darin, sich gar nicht mehr auf Sicherheit und Kontrolle zu fixieren, sondern auf Lebensqualität. Ich habe diesen Aspekt ausführlich in *MINDFUCK I* erläutert. Die zentrale Frage dazu lautet:

Wie würde ich die Sache sehen und entscheiden, wenn ich meiner Lebensqualität oberste Priorität einräumen würde? Nehmen Sie sich einfach, um damit zu experimentieren, einen beliebigen MINDFUCK aus Ihrer persönlichen Sammlung vor und spielen Sie das Thema anhand dieser Frage im Erwachsenen-Ich neu durch.

Thema und MINDFUCK ______________________

____

____

Wie ich darüber denke, wenn ich bei der Lösung des Themas meine Lebensqualität in den Vordergrund stelle

____

____

Der Nutzen von Worst-Case-Szenarien

Die andere Variante ist die Übung, den eigenen Ängsten ins Auge zu sehen und zu lernen, wie Sie jederzeit ein Klima der inneren Sicherheit in sich selbst schaffen können. Besonders die Angst vor Trennungen im beruflichen wie im privaten Bereich lässt viele Menschen in Dauer-MINDFUCKs verfallen. In den MINDFUCK-Coachings spielt deshalb die gute alte Militär- und Management-Technik, das Worst-Case-Szenario, also das Schlimmste, was passieren könnte, ernsthaft durchzuspielen, eine sehr wichtige Rolle. Was aber unterscheidet ein methodisch genutztes Worst-Case-Szenario von einem waschechten Katastrophen-MINDFUCK?

Der MINDFUCK blockiert uns, lähmt uns und macht uns schwächer. Im Katastrophen-MINDFUCK rutschen wir ins panische Kind-Ich oder ins rigide Eltern-Ich, das uns Schutz vorgaukelt. Unabdingbar für die konstruktive Kraft dieser Technik ist deshalb, dass in einem solchen Gespräch beide Partner, Coach und Klient, dauerhaft im Erwachsenen-Ich bleiben. Ich selbst als Coach darf ebenso wenig Angst vor den Konsequenzen bekommen wie der Mensch, mit dem ich arbeite.

Die Worst-Case-Szenarien sind eine bewährte strategische Denkform, wenn wir sie dazu nutzen, das Wissen um die eigene innere Sicherheit zu stärken. Auch mit Klienten, die viel, wenn nicht alles zu verlieren haben, spiele ich die Szenarien offen durch. Ob es passieren kann, dass man seine Kinder an den Ex-Partner verlieren oder vernichtende Schlagzeilen in der Presse bekommen könnte – es ist gleichgültig: Je weiter wir die persönliche innere Sicherheit ausbauen, je mehr wir sehen, womit wir umgehen können, wenn wir im MINDFUCK-freien Erwachsenen-Zustand bleiben, desto besser.

Ich lade Sie deshalb nun zu Überlegungen ein, die auf den ersten Blick vielleicht verrückt erscheinen. Doch sie können in Ihrem Leben eine tiefe Kraft entfalten.
Sie können diese Übung jederzeit und überall machen und jedes Mal ein Stück stärker werden. Der Grad unserer inneren Sicherheit ist das Geheimnis eines selbstwirksamen, erfüllten Lebens. Es macht uns mutig, lässt uns die richtigen Risiken eingehen, lässt uns stark sein gegenüber den normalen Anfeindungen des Lebens und führt neben tiefer Gelassenheit zu einer außerordentlichen Wirksamkeit. Darüber hinaus macht es uns beinahe unwiderstehlich für andere.

Coaching-Part: Die innere Sicherheitszone ausdehnen

Der folgende Coaching-Part ist tatsächlich nur für Erwachsene. Es ist meine Einladung, mental an Ihre persönlichen Mega-Herausforderungen heranzugehen. Was wäre für Sie eine Situation, der Sie die Qualitäten eines Worst Case oder, im Deutschen, größten anzunehmenden Unfalls (GAU) zuschreiben würden? Was würde zu den größten annehmbaren Unglücksfällen Ihres Lebens gehören? Und was passiert, wenn Sie dann mental die drei Schritte gehen: MINDFUCK prüfen, Erwachsenen-Ich einnehmen und eine mutige Hinwendung an das Erleben mit Neugier, Vertrauen und Freude an der Erfahrung?

Meine persönlichen Vorstellungen von einem Worst Case? Was wäre der GAU?

____

____

Meine wahrscheinliche Reaktion, wenn ich MINDFUCK freien Lauf lasse

____

____

Meine Reaktion im selbstwirksamen, balancierten und offen-neugierigen Modus

____

____

Sie können nun, wenn Sie mögen, Ihre wichtigsten MINDFUCK-Themen mit der Worst-Case-Technik durchspielen. Achtung: Das Ganze ist nur dann eine echte und wirksame Coaching-Technik, wenn Sie sie wirklich und ehrlich im Zustand des Erwachsenen-Ichs durchspielen!

Was befürchte ich, wenn das Thema besonders schlecht ausgeht? Wovor habe ich die größte Angst?

____

Wie kann ich als erwachsener Mensch auch damit umgehen? Was brauche ich dazu?

Der Unternehmer, der eigentlich ein Künstler war, malte sich im Worst-Case-Szenario aus, dass seine Kunst öffentlich verrissen und niemand ihn mehr ernst nehmen würde. Außerdem hätte er dann sein Unternehmen an die Wand gefahren und wüsste nicht, wovon er leben solle. Harter Stoff. Doch der Erwachsene, der mir gegenübersaß, sah es deutlich gelassener. Im Zustand des Erwachsenen musste mein Klient über dieses Szenario sogar lachen, denn er wusste, dass es so nicht kommen würde. »Und wenn schon«, sagte er, »würde ich mir was einfallen lassen. Unter der Brücke werde ich nicht landen.« Nach einer kurzen Pause setzte er verschmitzt nach: »Und selbst das wäre mal eine interessante Erfahrung.«

Konfliktfähigkeit und Sicherheit

Wir haben gesehen, dass wir im Erwachsenen-Ich selbstwirksam sind und fähig, Impulse wahrzunehmen und selbständig zu steuern. Vielleicht ist Ihnen im Verlauf des vorangegangenen Trainingsparts aufgefallen, dass wir im Erwachsenen-Ich in vielerlei Hinsicht ehrlicher und mutiger sind als in den anderen Ich-Zuständen. Weil wir uns selbst wahrnehmen und auf Augenhöhe mit uns sprechen, sind wir eher in der Lage, Konflikte einzugehen und für uns und unsere Sache einzustehen. Solange wir in uns selbst gespalten sind, ist es so, als würden wir nur auf einem Bein stehen. Bereits der kleinste Schubs von außen kann uns umhauen. Und wir lernen Situationen zu vermeiden, in denen wir so einen Schubs bekommen könnten. Man nennt das auch »eine dauerhafte Schonhaltung einnehmen«. Stehen wir aber kongruent zu uns, indem wir uns selbst im Erwachsenen-Ich auf Augenhöhe behandeln, stehen wir innerlich wieder auf zwei Beinen. Wir können für uns einstehen. Man nennt das auch die Fähigkeit, sich selbst treu zu bleiben.

Beziehungsfähigkeit und Trennungskompetenz

Bereits in *MINDFUCK I* habe ich des Öfteren darauf hingewiesen, dass unsere Beziehung zu uns selbst unsere Beziehungen zu anderen fundamental beeinflusst. Wenn wir mit uns selbst im Zwist sind, MINDFUCK nicht erkennen und ausschalten, werden wir auch in Beziehungen zu anderen ähnliche Gefühle von Allmacht oder Ohnmacht haben. Gelingt es uns, immer öfter im MINDFUCK-freien Erwachsenen-Ich zu denken und zu handeln, gewinnen wir etwas, was für viele vollkommen neu ist: nämlich die Fähigkeit, echte, tiefe Beziehungen einzugehen und uns aus Beziehungen zu lösen, uns zu trennen, wenn sie schädlich für uns sind. Und diese innere Fähigkeit hält Ihre Beziehungen lebendiger als jede Form von Therapie oder Viagra. Woran erkennt man sicher, dass eine Beziehung schädlich ist? Wenn sie uns in Kind- oder Eltern-Ich-Zustände »zwingt«, wenn sie unsere Lebensqualität untergräbt und dauerhaft unsere Potenzialentfaltung unterbindet.

Coaching-Part: Der Beziehungscheck

Gehen Sie die für Sie im Moment wichtigsten Beziehungen in Ihrem Leben gedanklich durch. Denken Sie an Ihr Privatleben, aber auch an Ihre beruflichen Beziehungen. Welche gehören dazu?

____

____

Wie erleben Sie diese Beziehungen jeweils? Sind Sie auf Augenhöhe, oder gibt es Asymmetrien? In welcher Hinsicht?

____

____

Wie wird sich die jeweilige Beziehung entwickeln, wenn Sie voll und ganz in Ihrem selbstwirksamen balancierten Erwachsenen-Ich bleiben?

____

____

Welchen guten Impuls geben Sie der anderen Person dann?

____

____

Für welchen Impuls der anderen Person können Sie sich dann öffnen?

____

____

Zu wissen, dass wir auch in schwierigsten Situationen die Wahl haben, wie wir damit umgehen wollen, bringt für die meisten Menschen, die diese Übungen ernsthaft für sich vollziehen, eine große innere Sicherheit mit sich. Die Fähigkeit, sich selbst alle notwendigen Formen von Sicherheit zu geben, ist aber die Voraussetzung dafür, Freiheit als Möglichkeit zu erkennen und zu nutzen. Zu wissen, dass uns »eigentlich nichts passieren kann«, dass wir früher oder später immer wieder handlungsfähig werden können, ist eine der großen Erleichterungen und eine der tiefsten Sicherheiten im Leben eines Menschen. Sie hebt die Tatsache unserer Endlichkeit im Leben nicht auf, aber sie lässt uns den Zeitraum dazwischen lebendiger durchschreiten.

Ich empfehle Ihnen, diese Worst-Case-Übung – ähnlich wie einen regelmäßigen Feueralarm – innerlich immer wieder einmal durchzuspielen. Gerade dann, wenn Sie merken, wieder Angst zu haben oder in MINDFUCK-Muster zu rutschen, sollten Sie bewusst Ihr fähigstes und klarstes Erwachsenen-Ich aktivieren. Sie werden sich unmittelbar entspannen und wieder neuen Lebensmut und Tatenfreude gewinnen.

Impulse erkennen, unterscheiden und steuern

Die beiden ersten großen Fundamente sind gelegt. Sich selbst ernst nehmen und zu wissen, dass man in der Lage sein wird, mit so ziemlich allem umgehen zu können, gehört zu den Kernelementen. Ein weiterer Punkt ist, dass Sie Impulse, die Sie überkommen, wahrnehmen, unterscheiden und steuern können. Im voll ausgebildeten Erwachsenen-Ich sind Sie in der Lage, mit Ihren Impulsen selbstwirksam umzugehen. Sie erkennen, welchen Impulsen Sie folgen und welche Sie besser kontrollieren oder in andere Formen übersetzen sollten. Sie gewinnen damit auf der unmittelbarsten, emotionalen und geistigen Ebene die höchste Form von **Selbstwirksamkeit.**

Auch wenn das pathetisch klingt: Erst mit dieser Stufe verlassen Sie Ihre eigene innere Sklaverei und werden aus der Tiefe heraus unabhängig und frei. Solange Sie den Eindruck haben, Ihre eigenen Impulse und Ihr eigenes Verhalten nicht kontrol-

lieren zu können, bleibt Ihnen keine andere Wahl, als sich zumindest in dieser Hinsicht selbst zu misstrauen.
Ein MINDFUCK-beschwertes Leben äußert sich folgerichtig häufig im destruktiven Umgang mit Impulsen. Menschen, die viel mit MINDFUCK zu tun haben, folgen in der Regel Extremen. Sie können die für sie schädlichen Impulse entweder nicht rechtzeitig erkennen oder nicht rechtzeitig umformen, oder Sie unterdrücken diejenigen Impulse, die eigentlich gut für sie wären. Schädliche Impulse können zu emotionalen Überreaktionen oder zum berühmten »zu viel« führen: zu viel trinken, zu viel essen, zu viel arbeiten und vieles mehr, was einem Menschen im Übermaß schadet. Gut ist, was uns wirkliche Lebendigkeit und Lebensqualität gibt. Es ist, als ob sich die Asymmetrie des inneren Dialogs, der sich zum großen Teil wie das Gespräch eines dominanten, allwissenden Elternteils mit einem ohnmächtigen Kind anfühlt, im äußeren Leben Bahn brechen würde. Erstmals und dann dauerhaft bewusst mit unseren Impulsen umzugehen ist eine traumhafte Erfahrung.

Fallbeispiel: »Der Schlussmacher«

Vor einigen Jahren habe ich mit einem Mann gearbeitet, dessen beruflicher Lebenslauf bereits sieben Seiten umfasste, als er gerade 32 Jahre alt war. Er war das, was man mit Fug und Recht einen »Jobhopper« nennen konnte. Ich fragte ihn, mehr zum Scherz, zu Beginn unserer Arbeit, ob es ihm privat auch so gehen würde. Er meinte, ja, es sei privat ebenso. Es habe in seinem Leben noch keine Beziehung gegeben, die ein halbes Jahr überlebt hätte. Er schien darauf sogar stolz zu sein. Ich spiegelte ihm meinen Eindruck, und er meinte: »Ich lasse mir einfach nichts gefallen. Ich habe keinen Bock auf Stress und Ärger, und ich finde auch, das muss ich mir nicht gefallen lassen. Das Leben ist viel zu kurz, das sagen Sie doch auch!« Er sah mich herausfordernd an, und es war deutlich, in welchem Ich-Zustand er sich befand, während er mit mir sprach.

Doch er war ins Coaching gekommen, weil er mittlerweile Schwierigkeiten hatte, einen neuen Job zu finden. Er wurde nicht einmal mehr zum Vorstellungsgespräch eingeladen. Ein potenzieller Arbeitgeber hatte ihm das deutliche Feedback gegeben, er sei mit den vielen Stellenwechseln einfach »verbrannt«, man wolle nicht die zigste Station in seinem Berufsleben sein, die er nach wenigen Monaten wieder verlassen würde. Das hatte ihn zum ersten Mal nachdenklich gestimmt.
Ich wollte von ihm wissen, ernsthaft und ohne ihn zu bewerten, ob er von mir aus irgendeinem Grund eine Erlaubnis dafür suche, so weiterzumachen, oder ob er an seinem Thema ernsthaft arbeiten wolle. Er wollte daran arbeiten. Und ich entschloss mich, mich nur auf die Impuls-Thematik und den konsequenten Blick aus dem Erwachsenen-Ich heraus zu konzentrieren. Es stellte sich heraus, dass er tatsächlich immer die gleichen Schleifen erlebte. Nach anfänglicher Euphorie und Übermotivation setzte in jedem Job – und in jeder Beziehung – Ernüchterung ein. Das ist normal und ist nur dann besonders schwer zu ertragen, wenn man sich zu Beginn mit Übermotivations-MINDFUCKs hochgeschaukelt hat. Der gefühlte Fall ist dann umso tiefer. Mein Klient hielt sich für unfähig, die von Bertolt Brecht so genannten »Mühen der Ebenen« zu ertragen. Er wünschte sich das Leben als einen einzigen Gipfelsturm, in dem es von Höhepunkt zu Höhepunkt ging. Er hatte für sich noch keinen Weg gefunden, jede Phase einer Entwicklung, also auch die Ernüchterung, als intensiv, lebendig, sinnvoll und gut zu erleben. Es kam dann jedes Mal zu einer auslösenden Situation, in dem ihm »der Kragen platzte« und der »Tropfen kam, der das Fass zum Überlaufen« brachte, wie er sagte. Ein Impuls, den er gut kannte und dem er automatisch folgte. Er war derjenige, der jedes Mal die Kündigung einreichte oder den Schlussstrich unter eine Beziehung zog.
Meine Erfahrung ist, dass wir dann, wenn wir notorisch bestimmten Impulsen folgen, andere Impulse gewöhnlich über-

hören, übersehen, überfühlen. Ich wollte wissen, welchem Impuls mein Klient nicht folgte. Er überlegte lange, und es schien, als ob sich unsere Arbeit ähnlich entwickeln würde wie seine Arbeits- und Liebesbeziehungen. Er wurde ungeduldig. Er fing an, meine Fragen in Frage zu stellen. »Keine Ahnung, was Sie meinen. Was soll das hier eigentlich werden?« Ich unterbrach unsere Sitzung und bat ihn, eine Pause zu machen und zu entscheiden, ob er an dieser Stelle Schluss machen möchte oder ob er am Thema Schlussmachen mit mir weiterarbeiten wolle. Als er zurückkam, war er ernst und gefasst. »Ich weiß jetzt, welchen Impuls ich unterdrücke, bevor ich dem Schlussmachen folge.« Ich war sehr gespannt. »Ich würde es so beschreiben: Plötzlich öffnet sich ein kleines Vertrauensfenster, und wenn ich das merke, erschrecke ich so, dass ich es gleich wieder zumachen möchte.« Ich fragte ihn, was ihn erschrecke. »Ich denke mir, das kann nicht sein, hier passiert etwas, was ich nicht kontrollieren kann. Hier bin ich nicht mehr der aufregende, interessante Hoffnungsträger, sondern ein normaler Mensch. Ich will kein normaler Mensch sein. Normal sein heißt absterben.« Er lachte selbst und sagte laut: »Alles klar, MINDFUCK.«

Wir hatten den Punkt gefunden und erarbeiteten weitere an dem Impuls des »Vertrauensfensters«, wie er es so schön gesagt hatte. Er trainierte in den kommenden Wochen, sein Vertrauensfenster zu öffnen und zu schließen. Den Impuls wahrzunehmen, die Angst wahrzunehmen, ins Erwachsenen-Ich zu gehen, seine innere Sicherheit zu stärken und mit Neugier, Vertrauen und Freude an der Erfahrung zu erleben, was passiert. Meist merkte er, dass er nach einer kurzen Anspannung eine große Entspannung erlebte, wenn er dem »Zumach«- und folgenden »Schlussmach«-Impuls nicht folgte, sondern dem Impuls traute, sich zu öffnen. Bei unserer letzten Sitzung sagte er noch: »Hoffentlich werde ich jetzt nicht vom Schlussmacher zum Durchhalter«, doch er lachte selbst darüber. Und schaffte es nach einigen Anläufen, eine neue Chance zu bekommen. Beruflich und privat. Zwei Jahre nach unserem Coaching hatte er mich im Fernsehen gesehen und sich spontan bei mir gemeldet. »Ich bin immer noch in der gleichen Firma. Und bei der gleichen Frau.« Ich fragte ihn, wie es ihm denn damit gehe. Er lachte und meinte: »Ich weiß jetzt endlich, wie schön ›normal‹ sein kann.«

Für mehr Lebensqualität

Der Umgang mit Impulsen aus dem Erwachsenen-Ich heraus ist in der Überwindung von MINDFUCK deshalb so zentral, weil viele Menschen, die damit arbeiten, zu Beginn einem Missverständnis unterliegen. Meine Klienten, Seminarteilnehmer, aber auch viele Leser, schrieben mir, sie hätten Angst, zum Beispiel gar nichts mehr zu tun und nur noch zu »faulenzen«, wenn sie ihre Bewertungen und Druckmechanismen außer Kraft setzen würden. Das passiert aber nur, wenn wir vom strafenden Eltern-Ich ins andere Extrem, ins Kind-Ich, fallen. Dann folgen wir jedem Impuls, der uns gerade in den Sinn kommt, denn wir können im Kind-Ich Folgen nicht abschätzen und haben insgesamt keinen »Plan« von unserem Leben. Wir leben in den Tag hinein, sind im besten Falle rein lustgetrieben, und das ist der Nährboden für immer neue MINDFUCKs und Selbstblockaden.
Im Erwachsenen-Ich nehmen wir Impulse zunächst aufmerksam und bewertungsfrei wahr, und dann entscheiden wir, was im Sinne unserer Ziele, unserer Überzeugungen und unserer Lebensqualität zu tun ist. Manchmal werden wir alles liegen und stehen lassen. Manchmal werden wir aber auch genau dann weitermachen. Diesmal aber freiwillig, aus einer eigenen, kraftvollen und selbstwirksamen Entscheidung heraus – nicht weil uns unser Wächter dahin prügeln muss.

Der erwachsene Umgang mit den eigenen Impulsen gehört zu den wesentlichen Elementen eines erfüllten, glücklichen Lebens. Wenn wir wissen, dass wir unseren Gefühlen und Impulsen nicht hilflos ausgeliefert sind, sondern sie erkennen und willentlich steuern können, bekommen wir genau das Gefühl von Sicherheit und Machbarkeit für das eigenen Leben, das uns mutig und lebendig werden lässt.

Coaching-Part: Ihr eigenes Impuls-Bewusstsein stärken

Nun zu Ihnen. Nehmen Sie sich bitte einen Augenblick Zeit, über Ihren aktuellen Umgang mit Impulsen nachzudenken.

Welche Impulse sollten Sie öfter oder auch ein für alle Mal kontrollieren?

____

____

Welchen Impulsen sollten Sie viel öfter oder ein für alle Mal nachgehen?

____

____

Welche MINDFUCKs tauchen auf, wenn Sie sich bei Impulsen nicht kontrollieren, die Sie aber, klar besehen, kontrollieren sollten?

____

____

In welcher inneren Haltung sprechen Sie dann mit sich selbst?

Ist diese Asymmetrie, die sich in Ihrem inneren Dialog zeigt, auch von außen erkennbar? Wenn ja, in welcher Weise?

Woran würden andere erkennen, dass Sie nicht mehr mit MINDFUCK in den Eltern-Kind-Keller gehen, sondern sich in eine erwachsene Haltung gebracht haben?

Welchen Unterschied würde das in Ihr Leben bringen? Was hätten Sie und andere davon?

So, das war ein richtiges Stück Arbeit. Kommen wir nun zu dem für die meisten von uns angenehmeren Part: den Impulsen, denen wir ruhig öfter folgen sollten.

Wie sieht es mit den Impulsen aus, denen Sie viel öfter oder vielleicht sogar ganz und gar nachgehen sollten? Welche MINDFUCKs tauchen auf, wenn Sie sich wie bisher kontrollieren?

____

____

In welcher inneren Haltung sprechen Sie dann mit sich selbst?

____

____

Ist diese Asymmetrie, die sich in Ihrem inneren Dialog zeigt, auch von außen erkennbar? Wenn ja, in welcher Weise?

____

____

Woran würden andere erkennen, dass Sie nicht mehr mit MINDFUCK in den Eltern-Kind-Keller gehen, sondern sich in eine erwachsene Haltung gebracht haben?

____

____

Welchen Unterschied würde das in Ihr Leben bringen? Was hätten Sie und andere davon?

____

Wenn Sie Lust haben, können Sie noch einen Blick auf Ihre schwerwiegenden chronischen MINDFUCKs werfen und nachforschen, ob diese etwas mit dem Thema Impulssteuerung zu tun haben könnten. Lohnt sich häufig sehr!
Meine schwerwiegenden chronischen MINDFUCKs: Welche Impulse sollte ich in den Griff bekommen? Welchen mehr folgen?

Risikokompetenz

Wenn wir das vierte fundamentale Kernelement unseres selbstwirksamen Erwachsenen-Ichs aktivieren, bauen wir bereits auf drei anderen wichtigen Kompetenzen auf: der Fähigkeit, sich selbst und seine Themen ernst zu nehmen, der Fähigkeit, die eigene innere Sicherheitszone auszudehnen, und der Fähigkeit, seine Impulse zu steuern. Nun kommt noch ein vierter, entscheidender Punkt dazu: Als voll selbstwirksame Erwachsene sind wir in der Lage, Risiken richtig einzuschätzen. Das ist der Schlüssel für unsere Handlungsfähigkeit, in der es darum geht, Vorhaben auch wirklich anzugehen und zu realisieren. Der vierte Punkt macht Sie damit zum **echten Gestalter oder der Gestalterin Ihrer eigenen Zukunft.**
Erinnern wir uns: MINDFUCK richtet unser Denken auf den Fixpunkt Sicherheit und Kontrolle. Das Versprechen, das uns der Wächter im inneren Dialog im MINDFUCK-Modus gibt, ist, dass wir nur dann sicher sind und Kontrolle über eine Situation haben, wenn wir seinen Regeln folgen. Damit geht das Gespür für lohnenswerte oder notwendige Wagnisse und

Risiken, die wir eingehen sollten, wenn wir erfüllt leben wollen, verloren. Wir drohen uns selbst mit dem Verlust von Sicherheit und Kontrolle, die es um jeden Preis zu halten gilt. Jedes Risiko aber geht natürlich mit einer gewissen Art von Kontrollverlust einher, sonst wäre es ja kein Risiko.
Aus der Illusion, ohnmächtig oder allmächtig zu sein, gehen wir entweder nicht genügend oder zu viele und falsche Risiken ein. Menschen, die häufig Geldprobleme haben, neigen beispielsweise dazu, echte Risiken zu unterschätzen und echte Möglichkeiten in ihren Gefahren zu überschätzen. Sie verspielen ihr Geld allen Wahrscheinlichkeitsberechnungen zum Trotz, halten es aber für viel zu riskant und sogar für unwahrscheinlich, sich durch ihre eigenen Kompetenzen und ihre eigene Leistung echten Wohlstand aufbauen zu können. Sie sind davon überzeugt, dass nur Glück, List oder Zufälle sie weiterbringen könnten. Ohne Frage eine kindliche Hoffnung. Weitaus mehr Menschen aber, mit denen ich zu tun habe, überschätzen Risiken. Nicht umsonst leben wir in einer Vollkaskogesellschaft, in der wir empört gerne jede Art von Risikoübernahme für unser Leben zurückweisen. Zuerst sind die Eltern zuständig, dann der Staat, der Arbeitgeber, der Ehepartner, die Kinder, die Ärzte, die Banken, die Versicherungen und viele mehr. In unserer – zum Glück – sehr sicheren Kultur sind wir uns häufig nicht mehr bewusst, dass unser Leben trotzdem unserer eigenen Verantwortung unterliegt. Wenn wir uns dessen bewusst werden, geht es meist in die Übertreibung. Menschen, die sich häufig als »Sicherheitsmenschen« bezeichnen, trauen sich nicht, die kleinsten Risiken einzugehen. Aus Angst, jemanden verlieren zu können, sich unbeliebt zu machen oder am Ende sogar die eigene Existenz aufs Spiel zu setzen, bleiben sie an der kurzen Leine des Lebens. Sie möchten alles, was sie je wagen, vorab hundertprozentig sicher vorausberechnet haben und nicht die kleinste Überraschung zulassen. Wer sich und seine Vorhaben ernst nimmt, seine Sicherheitszone ausge-

dehnt hat, seine Impulse kennt und steuern kann, kann auch guten Mutes Risiken eingehen und einfach etwas Neues machen – im Vertrauen auf seine eigene Kraft und die Möglichkeiten, die sich bieten werden.
Eine Klientin sagte einmal mitten im Coaching, während sie einen Aktions-Plan für ihre lang ersehnte Selbständigkeit an der Pinnwand vor sich sah, mit weit aufgerissenen Augen: »Aber ich weiß doch gar nicht, ob es wirklich funktioniert?!« Ich stand an ihrer Seite und sah sie nur an. Als ihr Sparringspartner war ich voll und ganz im Erwachsenen-Ich. »Ja, das stimmt. Das können Sie wirklich nicht wissen. Sie können nur die Wahrscheinlichkeit, dass es ein Erfolg wird, in sich abschätzen und sich fragen, ob es wert ist, dieses Risiko einzugehen. Mehr können Sie nicht erreichen. Die Zukunft lässt sich nicht vorhersehen, wohl aber gestalten.« Sie sah mich einen Moment verdutzt an, dann lachte sie laut. »Ist ja klar. Vollkommen klar.« Und sie arbeitete weiter an ihrer aufregenden Geschäftsidee.

Coaching-Part: Die eigene Risikokompetenz stärken

Gehen Sie bitte die Liste Ihrer persönlichen MINDFUCKs durch und suchen Sie nach den Themen, in denen Ihre Risikokompetenz völlig neu gefragt ist.

Welche Risiken überschätzen Sie im MINDFUCK-Modus? Vor welchen Folgen eines Vorhabens oder einer Handlung haben Sie Angst?

____

____

Bei welchen Themen, bei denen Sie sich immer wieder selbst blockieren, unterschätzen Sie womöglich Risiken?

Fragen Sie sich jetzt, welche Entscheidung Sie treffen können, wenn Sie die Sache voll und ganz im Bewusstsein des selbstwirksamen balancierten Erwachsenen sehen?

Fazit: Alle Veränderungsprozesse beinhalten Übergangsphasen, die neu für uns sind und in denen wir nicht alles im Voraus berechnet haben können. Sicherheit entsteht immer dann, wenn wir wissen, dass wir jederzeit im Erwachsenen-Ich denken, fühlen, entscheiden und handeln können. Die Fähigkeit, Risiken dabei angemessen einzuschätzen und auch einzugehen, ist wichtig, um überhaupt einen ersten Schritt gehen zu können.

Wozu ist ein Mensch, der aus einer solchen Grundhaltung heraus lebt, fähig? Was denken Sie? Welche Qualität hat ein Leben, das aus dieser Haltung heraus geführt wird? Wozu sind Sie selbst fähig, welches Leben ist möglich, wenn Sie immer öfter diese Haltung einnehmen?

Wir wissen jetzt, dass das volle Erwachsenen-Ich nicht nur um die eigene Selbstwirksamkeit weiß, sondern noch vier weitere Kompetenzen enthält, die jederzeit da sind, wenn Sie diese aktivieren. Um trainieren zu können, wie Sie den Wechsel aus dem im MINDFUCK-Modus sehr eingeschränkten Kind-Ich oder dem Eltern-Ich ins Erwachsenen-Ich jederzeit sicher vollziehen können, habe ich für das Grundlagentraining fünf Übungsfälle für Sie vorbereitet. Ähnlich den Übungen im Haltungswechsel aus der Arbeit mit situativen MINDFUCKs geht es jetzt um den bewussten Haltungswechsel bei chronischen MINDFUCKs.

Übersicht:
Das sind wir im selbstwirksamen Erwachsenen-Ich

Tipp: Auch für mentale Notfälle gut geeignet!

Als erwachsener, MINDFUCK-freier Mensch sind Sie damit jederzeit in der Lage,

- mutig zu sein,
- offen zu sein,
- individuell und einzigartig zu sein,
- sich selbst als Persönlichkeit und mit Ihrem Potenzial zu zeigen und zu verwirklichen,
- mit anderen Menschen zu kooperieren, ohne sich zu verlieren,
- unvoreingenommen interessiert zu sein,
- mit einem guten Gefühl für Timing entspannt zu sein,
- kreativ und innovativ zu sein,
- zu vertrauen und sich immer wieder neu zu öffnen und einzulassen,
- aus der Tiefe motiviert für ein lebenswertes Leben zu sein,
- sich ständig dessen bewusst zu sein, dass Sie mit allem – dem Schönen wie dem Herausfordernden im Leben – umgehen können.

Grundlagentraining: Wechsel ins Erwachsenen-Ich

1) Sie sind ein großes finanzielles Wagnis eingegangen und sehen jetzt, dass Sie alles verloren haben.

Wie reagieren Sie aus dem Kind-Ich heraus?

____

____

Wie fühlen Sie sich? Was denken Sie? Was sagen Sie? Wie sagen Sie es?

____

____

Wie reagieren Sie aus dem Eltern-Ich heraus?

____

____

Wie fühlen Sie sich? Was denken Sie? Was sagen Sie? Wie sagen Sie es?

____

____

Wie gehen Sie aus dem selbstwirksamen, balancierten Erwachsenen-Ich heraus damit um?

Betrachten Sie nun die vier Kompetenzfelder des Erwachsenen durch: »Ernst nehmen«, »Innere Sicherheit stärken«, »Impulse steuern« und »Risikokompetenz«. Welches Feld oder welche Felder brauchen unsere besondere Aufmerksamkeit?

Wie fühlen Sie sich? Was denken Sie? Was sagen Sie? Wie sagen Sie es?

---

2) Ihr Arzt hat schlechte Nachrichten für Sie. Sie leiden an einer chronischen Krankheit, wegen der Sie Ihren Lebensstil stark verändern müssen.

Wie reagieren Sie aus dem Kind-Ich heraus?

____

____

Wie fühlen Sie sich? Was denken Sie? Was sagen Sie? Wie sagen Sie es?

____

____

Wie tun Sie es aus dem Eltern-Ich heraus?

____

____

Wie fühlen Sie sich? Was denken Sie? Was sagen Sie? Wie sagen Sie es?

____

____

Wie reagieren Sie aus dem selbstwirksamen, balancierten Erwachsenen-Ich heraus?

____

____

Betrachten Sie nun die vier Kompetenzfelder des Erwachsenen durch: »Ernst nehmen«, »Innere Sicherheit stärken«, »Impulse steuern« und »Risikokompetenz«. Welches Feld oder welche Felder brauchen unsere besondere Aufmerksamkeit?

____

____

Wie fühlen Sie sich? Was denken Sie? Was sagen Sie? Wie sagen Sie es?

____

____

3) Sie wollen sich von jemandem trennen.

Wie machen Sie das aus dem Kind-Ich heraus?

___

___

Wie fühlen Sie sich? Was denken Sie? Was sagen Sie? Wie sagen Sie es?

___

___

Wie tun Sie es aus dem Eltern-Ich heraus?

___

___

Wie fühlen Sie sich? Was denken Sie? Was sagen Sie? Wie sagen Sie es?

___

___

Wie sind Sie aus dem selbstwirksamen, balancierten Erwachsenen-Ich heraus?

___

___

Betrachten Sie nun die vier Kompetenzfelder des Erwachsenen durch: »Ernst nehmen«, »Innere Sicherheit stärken«, »Impulse steuern« und »Risikokompetenz«. Welches Feld oder welche Felder brauchen unsere besondere Aufmerksamkeit?

Wie fühlen Sie sich? Was denken Sie? Was sagen Sie? Wie sagen Sie es?

---

4) Sie sind selbständig und wollen sich ein paar Tage Urlaub nehmen.

Wie machen Sie das aus dem Kind-Ich heraus?

____

____

Wie fühlen Sie sich? Was denken Sie? Was sagen Sie? Wie sagen Sie es?

____

____

Wie tun Sie es aus dem Eltern-Ich heraus?

____

____

Wie fühlen Sie sich? Was denken Sie? Was sagen Sie? Wie sagen Sie es?

____

____

Wie sind Sie aus dem selbstwirksamen, balancierten Erwachsenen-Ich heraus?

____

____

Betrachten Sie nun die vier Kompetenzfelder des Erwachsenen durch: »Ernst nehmen«, »Innere Sicherheit stärken«, »Impulse steuern« und »Risikokompetenz«. Welches Feld oder welche Felder brauchen unsere besondere Aufmerksamkeit?

Wie fühlen Sie sich? Was denken Sie? Was sagen Sie? Wie sagen Sie es?

---

5) Sie haben sich um eine Position beworben, die Sie sehr reizen würde. Sie bekommen eine Absage.

Wie reagieren Sie aus dem Kind-Ich heraus?

____

____

Wie fühlen Sie sich? Was denken Sie? Was sagen Sie? Wie sagen Sie es?

____

____

Wie reagieren Sie aus dem Eltern-Ich heraus?

____

____

Wie fühlen Sie sich? Was denken Sie? Was sagen Sie? Wie sagen Sie es?

____

____

Wie gehen Sie aus dem selbstwirksamen, balancierten Erwachsenen-Ich heraus damit um?

____

____

Betrachten Sie nun die vier Kompetenzfelder des Erwachsenen durch: »Ernst nehmen«, »Innere Sicherheit stärken«, »Impulse steuern« und »Risikokompetenz«. Welches Feld oder welche Felder brauchen unsere besondere Aufmerksamkeit?

____

____

Wie fühlen Sie sich? Was denken Sie? Was sagen Sie? Wie sagen Sie es?

____

____

Nach diesem Grundlagentraining können wir uns dem dritten Schritt bei der Überwindung chronischer MINDFUCKs zuwenden.

Neugier, Vertrauen und Freude an der Erfahrung

Diesen Schritt kennen Sie bereits aus der Überwindung situativer MINDFUCKs: Seien Sie darauf gefasst, dass er bei der Überwindung von chronischen MINDFUCKs bei Lebensthemen auf den ersten Blick wie eine Schocktherapie wirken kann. Was würden Sie sagen, wenn ich Ihnen bei einer Scheidung, die vor Ihnen liegt, oder einer Kündigung, die Sie gerade in Händen halten, eine Haltung von Neugier, Vertrauen und sogar Freude an der Erfahrung empfehle? Möglicherweise halten Sie das für zynisch. Oder für eine neue Form von Chacka-Coaching oder anderen Übermotivations-MINDFUCKs. Ich meine es aber ernst. Die »normale«, also alte Haltung wäre, dass

Sie am Boden zerstört sind und die nächsten Wochen oder Monate innerlich und äußerlich in Trauer gehen. Das können Sie selbstverständlich tun. Mitleid von anderen bekommen Sie umsonst dazu. Es macht die Sache aber nicht leichter. Sie sind dann weitab von Ihren eigenen inneren Ressourcen und schröpfen Ihre Energievorräte jeden Tag mehr. Sie können sich dem Ereignis jedoch auch konstruktiv zuwenden und immer wieder zu der Haltung von Neugier, Vertrauen und Freude an der Erfahrung zurückkehren.

Übungsfall: Die schwere Diagnose

Betrachten Sie es diesmal übungsweise von außen. Eine Frau erfährt, dass sie eine schwere Krankheit hat. Nach dem ersten Schock realisiert sie, was der Arzt ihr da gesagt hat.
Wie wird sie vorgehen, wenn sie es wagt, trotz des Schmerzes den kommenden Monaten eine Haltung von Neugier, Vertrauen und Freude an der Erfahrung entgegenzubringen?

____

____

Was wird Ihrer Meinung nach passieren, wenn sie es nicht tut?

____

____

Welche Haltung würden Sie selbst bevorzugen?

____

____

Die konstruktive Grundhaltung wirkt immer wie eine »Rakete«, die Sie besonders in der Phase, in der Sie Entscheidungen treffen und in die Umsetzung gehen, brauchen können.
Als ich den Unternehmer, der eigentlich Künstler war, einlud, eine Haltung von Neugier, Vertrauen und Freude an der Erfahrung zu seiner Grundhaltung zu machen, atmete er als Erstes erleichtert auf. »Was, ich muss mich jetzt nicht besonders anstrengen?«, fragte er mich. Ich erklärte ihm, dass Menschen immer dann am lern- und leistungsfähigsten sind, wenn sie sich wirklich für etwas interessieren, wenn sie offen und neugierig sind. Und wenn sie wissen, dass ihnen nichts wirklich Schlimmes passieren kann, sie sich also grundsätzlich sicher wissen und der Erfahrung, die da kommt, Vertrauen entgegenbringen. Freude an der Erfahrung ist möglich, wenn wir uns zutrauen, im Erwachsenen-Ich die vielfältigsten Erfahrungen zu machen, zu genießen und im Notfall bewältigen zu können.
Mein Klient stürzte sich in den nächsten Monaten in sein neues Leben. Er hatte, wie ich Ihnen später noch einmal zeigen werde, immer wieder mit MINDFUCKs zu tun, wusste nun aber, wie er sie jederzeit ausschalten konnte. Es ging ihm in Fleisch und Blut über. Die Wirksamkeit, die dann entsteht, ist selbst für mich noch manchmal erstaunlich. Er hatte in Windeseile ein wunderschönes Atelier angemietet, eine Galerie für sich gewonnen, spannende Kontakte geknüpft und seinen Tagesrhythmus umgestellt. Für sein Geschäft hatte er übergangsweise einen neuen Geschäftsführer gesucht und gefunden, traf sich einmal in der Woche mit ihm und arbeitete ansonsten als Künstler. Es begann, so sagte er es mir, die produktivste und glücklichste Phase seines bisherigen Lebens.
Wir kommen nun zu dem Punkt, an dem Sie Ihr Wissen über chronische MINDFUCKs und deren Überwindung für Ihre eigenen Themen einsetzen können. Falls Sie sich vorher noch ein wenig warm machen möchten, habe ich noch einen Übungsfall für Sie vorbereitet.

Übungsfall: Der chronische Faulpelz

Nun zu Ihrem Übungsfall. Ich habe ein Szenario, das ich bereits häufig in der Realität finden konnte, für Sie aufbereitet. Christian F. ist ein Mensch mit vielen Begabungen. Meist bringt er jedoch die Dinge nicht zu Ende. Diesmal geht es um ein Buch, das er seit vielen Monaten nicht fertigbekommt. Er ist der Meinung, dass er im Grunde seines Herzens »stinkfaul« sei. Er brauche eigentlich jemanden, der ihm jeden Morgen »in den Hintern« trete, um in Gang zu kommen. Wenn er den ganzen Tag »herumfaulenzt«, wie er sagt, gehen ihm folgende Gedanken durch den Kopf: »Ach nein, heute nicht. Heute fühle ich mich nicht danach. Außerdem ist das Wetter zu gut/zu schlecht. Ich mache lieber etwas anderes mit dem Tag. Man lebt ja nur einmal.« Er nimmt sich dann selbst in Schutz, meint, man müsse sich ja auch nicht dauernd stressen, bis der Tag vorbei ist und er im Bett liegt und sich wegen seiner »chronischen Faulheit und Unfähigkeit« selbst beschimpft. Mittlerweile ist das Thema chronifiziert, und er hält sich generell für »einen Versager, der weit unter seinen eigentlichen Möglichkeiten bleibt, einfach, weil er zu faul ist«.

Schritt 1:

Liegen MINDFUCKs vor, und wenn ja, welche? Welche inneren Haltungen erkennen Sie?

____

____

Schritt 2:
Wie könnte Christian F. über sein Thema aus der Perspektive des selbstwirksamen, balancierten Erwachsenen denken?

____

____

Schritt 3:
Wie würde er über das Thema nachdenken, wenn er über die Erwachsenen-Perspektive hinaus mit Neugier, Vertrauen und Freude an der Erfahrung an sein Thema heranginge?

____

____

Die Auflösungen finden Sie im Lösungsteil hinten.

Nun zu Ihren eigenen Lebensthemen. Niemals waren Sie so nah dran, sie zu lösen.
Lesen Sie bitte nicht weiter, sondern gehen Sie zurück zum vorhergehenden Satz. Welche Gedanken löst er aus? Untersuchen Sie diese Gedanken auf MINDFUCK hin und gehen Sie in Ihr selbstwirksames Erwachsenen-Ich. Erst dann sollten Sie weitermachen.
Gehen Sie Ihre bisherigen Blockaden nacheinander und Schritt für Schritt durch und lassen Sie sich überraschen, welche Ideen und Gefühle aufkommen, wenn Sie innerlich die drei Schritte vollziehen und zusätzlich die Dosis im Erwachsenen-Ich erhöhen.
Beginnen Sie, indem Sie sich noch einmal bewusst werden, welcher Mensch, welche Persönlichkeit Sie eigentlich sind. Der Schlüssel dazu sind Ihre drei Haupt-MINDFUCKs und die dahinter verborgene Persönlichkeit.

Wie ich eigentlich bin, wenn ich mich nicht mit den stärksten MINDFUCKs sabotiere

____

____

Aus dieser Haltung heraus können Sie sich jetzt aufmerksam und gleichzeitig entspannt den schweren chronischen MINDFUCK-Themen zuwenden und diese mit einer stärkeren Dosis Erwachsenen-Ich überwinden.

Coaching-Part: Die eigenen Lebensthemen befreien

MEIN GROSSES THEMA

Welche MINDFUCKs sind drin?

____

____

Wie können Sie die Sache aus der Perspektive des selbstwirksamen, balancierten Erwachsenen betrachten?

____

____

Was passiert, wenn Sie sich selbst, Ihr Leben und das Thema ernst nehmen?

____

____

Was passiert, wenn Sie den Worst Case annehmen und Ihre innere Sicherheitszone ausdehnen? In dem Wissen, dass Sie auch mit schwereren Folgen umgehen können?

Inwiefern wäre es jetzt wichtig, Impulse neu zu bewerten und zu steuern?

Stichwort Risikokompetenz? Unter- oder überschätzen Sie gerade ein Risiko? Wenn ja, was ist die angemessene, erwachsene Haltung dazu?

Was passiert, wenn Sie zusätzlich mit Neugier, Vertrauen und Freude an der Erfahrung darangehen?

Was werden Sie in Bezug auf das Thema als Nächstes tun?

LEBENSTHEMA 2

Welche MINDFUCKs sind drin?

Wie können Sie die Sache aus der Perspektive des selbstwirksamen, balancierten Erwachsenen betrachten?

Was passiert, wenn Sie sich selbst, Ihr Leben und das Thema ernst nehmen?

Was passiert, wenn Sie den Worst Case annehmen und Ihre innere Sicherheitszone ausdehnen? In dem Wissen, dass Sie auch mit schwereren Folgen umgehen können?

Inwiefern wäre es jetzt wichtig, Impulse neu zu bewerten und zu steuern?

Stichwort Risikokompetenz? Unter- oder überschätzen Sie gerade ein Risiko? Wenn ja, was ist die angemessene, erwachsene Haltung dazu?

Was passiert, wenn Sie zusätzlich mit Neugier, Vertrauen und Freude an der Erfahrung darangehen?

Was werden Sie in Bezug auf das Thema als Nächstes tun?

LEBENSTHEMA 3
Welche MINDFUCKs sind drin?

Wie können Sie die Sache aus der Perspektive des selbstwirksamen, balancierten Erwachsenen betrachten?

Was passiert, wenn Sie sich selbst, Ihr Leben und das Thema ernst nehmen?

Was passiert, wenn Sie den Worst Case annehmen und Ihre innere Sicherheitszone ausdehnen? In dem Wissen, dass Sie auch mit schwereren Folgen umgehen können?

Inwiefern wäre es jetzt wichtig, Impulse neu zu bewerten und zu steuern?

Stichwort Risikokompetenz? Unter- oder überschätzen Sie gerade ein Risiko? Wenn ja, was ist die angemessene, erwachsene Haltung dazu?

___

___

Was passiert, wenn Sie zusätzlich mit Neugier, Vertrauen und Freude an der Erfahrung darangehen?

___

___

Was werden Sie in Bezug auf das Thema als Nächstes tun?

___

___

Wenn Sie MINDFUCK auf diese Art beenden, nehmen Sie sich die Freiheit, auch bei bisherigen Problemthemen erwachsen zu denken und zu handeln. Sie befreien sich von den Gespenstern der Vergangenheit und erleben, was Ihnen wirklich möglich ist. Falls Sie glauben, dass das zu einfach und nicht möglich ist, untersuchen Sie Ihre Gedanken bitte auch hier wieder auf MINDFUCK hin. Sie eröffnen Ihren Handlungsspielraum, dehnen Ihre bisherige innere Glückszone aus und geben einer neuen Wirksamkeit Raum.
Die Wirksamkeit dieser einfachen Perspektivwechsel ist so hoch, dass Sie wahrscheinlich ganz von selbst immer öfter in diesen Schritten denken werden. Sie kommen immer mehr in

Ihr eigenes Potenzial. Statt sich in bestimmten Situationen oder in ganzen Lebensentscheidungen zu blockieren, erleben Sie sich als einen Menschen, der sich dem Leben stellen kann: mutig, individuell, originell, offen, frei, neugierig, interessiert, balanciert, wach und kreativ. Sie werden, kurz gesagt, ein lernender, konstruktiver Mensch mit einer offenen, zugewandten Haltung sich selbst und anderen gegenüber. Gar nicht schlecht, oder? Die Wahrscheinlichkeit, dass Sie Neues erleben und Ihren Radius exorbitant erweitern werden, ist höher, als sie jemals war. Sie sind in dieser Haltung immer häufiger fähig zu handeln, gut mit Gefühlen umzugehen, Risiken bewusst einzugehen, um neue Erfahrungen zu machen, wirksam zu werden, zu lernen und zu wachsen.

Vor diesem Hintergrund dürfen Sie wagen, größere Träume zu träumen, als Sie sich bisher vielleicht erlaubt haben. Wenn ich Sie spontan frage, was Sie als der Mensch, der Sie wirklich sind, erleben möchten, was kommt Ihnen dann in den Sinn?

Von der Erkenntnis zur Umsetzung

Bei den meisten Themen löst sich der Knoten, wenn man die MINDFUCKs in den vorgestellten drei Schritten erkannt und überwunden hat. In der Regel folgen aufgrund einer neuen Haltung automatisch andere Sichtweisen, Entscheidungen und Verhaltensmuster. Menschen im Erwachsenen-Ich verfügen über eine starke innere Kraft und Ausstrahlung. Sie erreichen meist auf Anhieb, wofür sie im MINDFUCK-Modus manchmal jahrelang gekämpft haben. Möglicherweise haben Sie während unseres Coachings bereits gute Erfahrungen damit gemacht.

Der Umgang mit den »dicken Brocken«

Dennoch habe ich im Laufe der Jahre mit wirklich »harten Brocken« zu tun gehabt, und auch dafür möchte ich Sie in diesem Coaching wappnen. Diese harten Brocken sind die Themen, deren Lösung Ihr Leben tatsächlich von Grund auf verändern wird. Vielleicht erinnern Sie sich an das Beispiel mit dem Beamten, der Südseeinsel, der Geschlechtsumwandlung und der Bar. Genau deshalb kann passieren, wovon ich Ihnen bereits auf den ersten Seiten unserer Arbeit erzählt habe. Es kann sein, dass die härteste MINDFUCK-Attacke genau dann kommt, wenn Sie den entscheidenden Schritt zum Besseren in Ihrem Leben ernsthaft gehen wollen. Es kann Ihnen jederzeit, wenn Sie wirklich »Ernst machen«, passieren, dass enorme Widerstände in Ihnen oder bei anderen Menschen ausgelöst werden. Sie wissen nun zwar, wie Sie in den drei Schritten die

Dosis erhöhen und neue MINDFUCKs überwinden. Aber vielleicht brauchen Sie darüber hinaus noch weitere wirklich mächtige Umsetzungsstrategien. Um die soll es jetzt gehen. Erinnern wir uns: MINDFUCK soll uns paradoxerweise davor schützen, unser volles Potenzial zu leben. Die gedanklichen Blockademuster greifen genau dann, wenn wir uns individuell verwirklichen und einen Schritt nach vorn gehen wollen. Wie ein innerer Wächter über unser eigenes Glück sorgen wir dafür, dass wir eben nicht handeln oder so kopflos agieren, dass wir nach kurzer Zeit zu Rückzügen gezwungen werden. Ich möchte Sie deshalb bitten, sich jetzt das Thema aufzuschreiben, das die größte Veränderung in Ihrem Leben auslösen würde. Meist sind das die wirklich großen Themen, häufig das große Lebensthema. Damit Sie wissen, welches Kaliber an Themen ich meine, gebe ich Ihnen ein paar Beispiele aus der Praxis.

Es kann darum gehen, dass Sie sich nach Jahren wieder auf eine echte Beziehung einlassen, Sie feststellen, nicht monogam oder lieber allein leben zu wollen, Ihren Beamtenstatus aufgeben, ein Familientabu brechen, sich einen Geliebten oder eine Geliebte suchen, eine schwere Krankheit bewältigen müssen, sich scheiden lassen, den Kontakt zu Ihrer Familie abbrechen oder wieder aufnehmen wollen, Sie einen Hochzeitstermin vereinbaren oder absagen, endlich wirklich reich werden, Ihre Religion ablegen oder eine neue annehmen wollen, Sie eine Familie gründen, sich eine Auszeit nehmen, Ihre typische Lebensrolle (die immer gute Mutter, der aufopferungsvolle Vater, der gute Geist im Team etc.) aufgeben, richtig viel abnehmen und schlank bleiben wollen, Sie in eine andere Stadt oder ein anderes Land ziehen, den Tod eines geliebten Menschen bewältigen müssen, sich zu Ihrer sexuellen Orientierung bekennen, ernsthaft an Ihrer Karriere arbeiten wollen …

Was ist Ihr großes Thema, das wirklich einschneidende Veränderungen bringen wird?

____

____

In der Arbeit mit meinen Klienten weiß ich, dass bei Themen dieser Art angesagt ist, was ich mit einem Augenzwinkern »Feldherrenarbeit« nenne. Meine Klienten und ich sitzen dann wie zwei Generäle in einer konspirativen Strategie-Besprechung vor einer großen Schlacht zusammen und gehen akribisch, ernsthaft und mit großer Motivation alles durch, was es beim Kampf gegen MINDFUCK zu bedenken und zu tun gibt. Schritt für Schritt. Natürlich ohne dabei unseren Humor zu verlieren. Alle Elemente, die uns als Erwachsene stärken, müssen in ihrer Kraft noch einmal verdoppelt werden: Die innere Sicherheitszone muss deutlich stärker ausgebaut werden, es gilt, noch sensibler die eigenen Impulse vorwegzunehmen und realistisch und klar um die Risiken und Herausforderungen zu wissen. An diesem Punkt ist ein Sparring mit einem ernsthaften und vertrauensvollen Gesprächspartner sehr hilfreich. Und es bleibt wahrscheinlich nicht bei einem Gespräch. Ganz wichtig ist: Themen eines schweren Kalibers sind allesamt erfolgreich umsetzbar. Aber sie brauchen unsere besondere Aufmerksamkeit, unser volles, selbstwirksames Erwachsenen-Ich und noch mehr Neugier, Vertrauen und neugierige Freude selbst auf die Erfahrungen, die man nicht gerade jeden Tag machen möchte.

Die drei Räume

Eine Vorgehensweise hat sich dabei besonders bewährt. Wir brauchen von der Erkenntnis zur Umsetzung noch einen klaren Zwischenraum. Den Raum der Entscheidung. Wir können uns den Weg zur Umsetzung der großen Themen vorstellen, als ob wir drei Räume durchschreiten müssten. Diese sind:

- Der **Erkenntnis-Raum,** in dem Sie Ihre MINDFUCKs verstehen und eine neue Haltung einem Thema gegenüber einnehmen. Das ist die Grundlage für jede Veränderung. Sie sehen das bisherige Problem mit anderen Augen und wissen jetzt, was richtig ist.
- Der **Entscheidungs-Raum,** in dem Sie zunächst gedanklich und gefühlsmäßig Ihre Konsequenzen daraus ziehen. Das ist der nächste zentrale Moment. Sie wissen nicht nur, was Sie verändern wollen, Sie entscheiden sich, es zu tun.
- Der **Handlungs-Raum** ist der Ort und der Moment, in dem Sie diese Entscheidungen in die Welt bringen. Sie kommunizieren, verhalten sich anders, gehen neue Wege. Kurz: Sie leben Ihre innere Befreiung auch im Außen. Andere können es sehen, hören, fühlen. Sie zeigen sich und sind damit ein selbstwirksam handelnder Mensch.

Nun stellen Sie sich vor, dass zwischen diesen Räumen Türen sind. Und dass die manchmal klemmen können. In jeder Freisetzung unseres eigenen Potenzials kommt ein Punkt, an dem wir das Rad am liebsten zurückdrehen würden. Neue MINDFUCKs und Ängste können uns dann geradezu torpedieren. Wir wissen, was zu tun ist, sind uns dessen vollkommen bewusst und tun es trotzdem nicht. Wir tun es deshalb nicht, weil neue MINDFUCKs uns behindern. Das ist der kritische Moment, von dem ich gleich zu Beginn des Buches gesprochen habe. Und dieser Moment verlangt, dass Sie all das Wissen, das

Sie sich bisher angeeignet haben, insgesamt bündeln und zusammenbringen. Die Angst ist umso größer, je ungewöhnlicher und größer die Veränderung ist, die Sie vornehmen wollen. Wenn Sie bisher immer geschwiegen haben und wissen, dass Sie in einer lebensbestimmenden Sache die Stimme erheben müssen, ist das erste Mal, an dem Sie die Stimme erheben, in Ihrem Leben mit einem Erdbeben vergleichbar. Sie werden das Gefühl haben, dass Sie nicht mehr zurückkönnen, wenn Sie zum ersten Mal laut ausgesprochen haben, was Sie denken. Wenn Sie jetzt Menschen um sich herum haben, die den MINDFUCK-Ansatz ebenfalls kennen und sich als Gesprächspartner, Pate oder Coach zur Verfügung stellen, ist das ideal. Aber Sie können es auch alleine schaffen.

Den Rubikon überschreiten

Tatsächlich erinnert der Übergang von der Erkenntnis zur Umsetzung an die berühmte Nacht, die Cäsar hinter dem Fluss Rubikon verbracht hat. Er wusste, dass er, wenn er den Rubikon überschritt, Rom angreifen und dass es für ihn dann nur die Wahl zwischen Sieg und Leben oder Niederlage und Tod geben würde. Kurz gesagt: Er wusste, es gibt kein Zurück. Ganz so dramatisch ist es für uns natürlich nicht, aber ich weiß, dass im Leben vieler Menschen, die sich viele Jahre mit chronischen MINDFUCKs blockiert haben, nicht nur ein wenig Kosmetik, sondern eine wahre Revolution dran ist. Und wenn Sie in Ihrem Leben eine echte Revolution starten, gibt es auch da ab einem bestimmten Punkt kein Zurück. Innerlich nicht, und für die Menschen, die das mit Ihnen erleben, auch nicht.

Und tatsächlich. Die Wirkung jeder Ebene ist so tief, dass ein Zurück sehr schmerzhaft, wenn nicht unmöglich ist. Sobald Sie sich daran gewöhnen, sich wirklich ernst zu nehmen, wird es Ihnen deutlich schwerer fallen, Kompromisse, Halbheiten und Manipulationen jeder Art zu akzeptieren. Wenn Sie einmal einen MINDFUCK erkannt haben, wenn Sie einmal eine Entscheidung für ein besseres und wahrhaftigeres Leben getroffen haben und wenn Sie einmal in diese Form der Lebensqualität »hineingeschmeckt« haben, wie man in Bayern sagt, dann werden sie es nicht mehr missen wollen. Das bedeutet, dass Sie unter Umständen viel mehr und viel tiefere Veränderungen in Ihrem Leben, Ihren Gewohnheiten und Ihrer Umgebung vornehmen werden, als Sie vor diesen Erkenntnissen und Erlebnissen zu denken gewagt hätten. Das kann dazu führen, dass man sich aus Konstellationen privater oder beruflicher Natur löst, die man vorher noch zähneknirschend oder sich selbst ablenkend akzeptiert hatte. Das weiß ein Teil in Ihnen nur zu gut.

Da wir natürlich zunächst versuchen, uns vor allzu großen Unsicherheiten und Risiken zu schützen, kann es passieren, dass Sie vor Ihrem Rubikon stehen bleiben und scheuen wie ein Pferd vor einem Hindernis. Je häufiger Sie aber diesen Fluss überqueren, desto stärker ist Ihre Selbstwirksamkeit, und desto mehr wächst Ihr Selbstwertgefühl. Irgendwann wird es keinerlei Anstrengung mehr zwischen Erkenntnis und Handlung geben. Sie werden elegant und selbstverständlich das tun, was Sie für richtig erkannt und entschieden haben. Cäsar hat den Rubikon übrigens überschritten, den Kampf gewonnen und damit eine neue Epoche in der römischen Geschichte eingeleitet.

Coaching-Part: Die Entscheidung treffen

Suchen Sie sich nun ein Thema aus, dass Sie zuerst lösen wollen. Nehmen Sie eines, das Ihre Lebensqualität besonders nachhaltig verbessern wird. Welches Thema ist es?

Gehen Sie es mit den drei Schritten durch – MINDFUCK erkennen – Erwachsenen-Ich einnehmen – Neugier, Vertrauen und Freude an der Erfahrung. Welche Erkenntnisse ziehen Sie daraus?

Welche Entscheidungen sollten Sie nun treffen, wenn Sie sich und das Thema wirklich ernst nehmen und als selbstwirksamer Erwachsener mit Neugier, Vertrauen und Freude an der Erfahrung darangehen?

Was sind die nächsten konkreten Schritte in der Realität?

____

____

Wenn diese Schritte bereits neue MINDFUCKs oder eine Art »Scheuen« auslösen, dehnen Sie die Zone Ihrer inneren Sicherheit aus. Was kann im schlimmsten Fall passieren? Wie können Sie als gestandener Erwachsener damit umgehen?

____

____

Wie hoch ist, wenn Sie die Kirche mal im Dorf lassen, die Wahrscheinlichkeit, dass das Schlimmste wirklich eintritt?

____

____

Fallbeispiel: Unterhalt einklagen

Eine Klientin mit finanziellen Sorgen hatte sich als alleinerziehende Mutter eines kleinen Jungen bisher gescheut, von dem überaus wohlhabenden Vater ihres Kindes Unterhalt zu fordern. In der ersten Ebene erkannte sie, dass Sie sich selbst mit chronischen Selbstverleugnungs-MINDFUCKs blockierte. In der zweiten Ebene traf sie aus dem selbstwirksamen Erwachsenen-Ich heraus die Entscheidung, Unterhalt für ihren Jungen zu verlangen. An dieser Stelle kam bei unserem »reality check« für die Handlungsebene das erste große Zögern. Den ersten, den inneren Rubikon hatte sie ohne Probleme in der Erwachsenen-Haltung sofort selbständig überschritten. Im Handlungsraum setzte eine neue Blockade ein. Sie fürchtete, dass der Vater ihres Kindes sie persönlich erniedrigen, bedrohen, ja »vernichten« würde, wie er ihr bereits mehrmals angedroht hatte, wenn es ihr »einfiele«, Geld zu verlangen. Die Angst vor diesen Drohungen versetzte sie zunächst in die Position eines hilflosen Kindes. Wir »verarzteten« diese aufkommenden Katastrophen-MINDFUCKs, indem wir die innere Sicherheitszone im Gespräch unter Erwachsenen unter der kritischen und mutigen Prüfung aller Eventualitäten ausweiteten. Dann entwickelte sie einen zweistufigen Handlungsplan, der einschloss, sich einen guten Anwalt zu nehmen, es aber zunächst mit einem persönlichen Schreiben zu versuchen. Auf das erste Schreiben reagierte der Vater ihres Kindes wie erwartet mit wüsten Beschimpfungen und Drohungen. Meine Klientin regenerierte sich selbst mit allen Anti-MINDFUCK-Strategien und schaltete nun ihren Anwalt ein. Und erhielt ohne Prozess anstandslos den ihr monatlich zustehenden Unterhalt. »Ich habe immer wieder Blut und Wasser geschwitzt«, sagte sie mir, als alles glücklich überstanden war. »Ich habe alle Flüsse mehrmals überquert.«

Entscheidungen treffen heißt, den inneren Schalter umzulegen

Eine Entscheidung zu treffen ist etwas anderes, als sich seiner Wünsche und Bedürfnisse bewusst zu werden. Deshalb ist es sehr wichtig, Wünsche und Bedürfnisse in Entscheidungen umzumünzen. Sie bleiben sonst in einer kindlichen Wunschwelt stecken und warten im Stillen darauf, dass irgendein »Universum« oder andere sie erfüllen. Wenn wir eine Entscheidung getroffen haben, greifen wir in der Regel umgehend auf unser volles Potenzial zurück. Mir wurde das einmal in meiner eigenen

Coaching-Akademie sehr drastisch vor Augen geführt. Ich arbeitete seit mehreren Monaten mit einer Ausbildungsgruppe, die nicht so recht in Gang kam, obwohl ausschließlich sehr interessante, gestandene und hochintelligente Persönlichkeiten versammelt waren. Ich fragte Sie, wie hoch auf einer Skala von 1 bis 10 ihr Wunsch sei, tatsächlich gute und erfolgreiche Coachs zu werden. Alle antworteten mit Werten zwischen 9 und 10. Danach fragte ich, wie stark sie ihren Willen dazu einschätzen würden, dieses Ziel auch tatsächlich zu erreichen. Hier wurde die Gruppe sehr still. Die Werte pendelten zwischen 3 und 6. Dann fragte ich sie, welche Entscheidungen ihrer Meinung nach nun von ihnen zu treffen seien. Ich entließ sie in die Mittagspause und erlebte am Nachmittag eine für mich denkwürdige Verwandlung. Aus dem »müden Haufen«, den ich meinte, »zum Jagen tragen zu müssen«, war eine aufgeweckte, hochengagierte Schar äußerst begabter Jung-Coachs geworden. Wie das? Sie hatten an diesem Vormittag den Rubikon überschritten, eine Entscheidung getroffen, sie hatten alle drei Räume in einem Satz durchschritten und waren direkt in die Praxis echten, engagierten Coachings gegangen. Sie hatten etwas für unseren Beruf und für ein selbstwirksames Leben unschätzbar Wichtiges gelernt: die Fähigkeit und die Bereitschaft, eine Entscheidung zu treffen und die Konsequenzen zu tragen.

Coaching-Part: Welche Entscheidungen stehen für Sie an?

In welchen Feldern Ihres Lebens gilt es, Entscheidungen zu treffen? Welche sind das? Nehmen Sie sich für diese Frage bitte viel Zeit. Falls Sie gerne im Gehen denken, ist das ein wunderbares Reflexionsthema für einen ausgedehnten Spaziergang.

____

____

Coaching-Part: MINDFUCK-Themen auf Umsetzungsstand prüfen

Es lohnt sich, alle bisherigen MINDFUCK-Themen auf ihren Entwicklungsstand hin zu überprüfen. Gehen Sie dazu alle MINDFUCK-Themen, die Sie in diesem Coaching erarbeitet haben, Schritt für Schritt durch.

Wo stehe ich gerade mit welchem der verschiedenen MINDFUCK-Themen?

____

____

Bei welchen Themen stehe ich noch vor dem Rubikon und überlege, ihn zu überschreiten?

Bei welchen Themen habe ich ihn schon überschritten und eine innere Entscheidung getroffen?

____

____

Bei welchen Themen bin ich bereits ins Handeln gekommen und habe eine echte Veränderung in die Welt gebracht, kommuniziert, angestoßen?

____

____

Coaching-Part:
Immer hilfreich: Die Ressourcenfrage

Der Teufel steckt bekanntlich im Detail. Bei der Umsetzung der Erkenntnisse, die Sie durch Ihre Befreiung von MINDFUCK gewonnen haben, helfen klassische Coaching-Strategien. Eine zentrale Frage, die dafür immer hilfreich ist, lautet: Was brauche ich, um in den jeweils nächsten Raum zu gelangen?

Konkreter: Was brauche ich, um den Rubikon zu überschreiten, eine Entscheidung zu treffen und danach zu handeln?

Ressourcen sind ein wesentlicher Faktor für erfolgreiche Veränderungsprozesse. Wenn Sie nicht wissen, was Sie brauchen, oder nicht haben, was Sie brauchen, ist die Wahrscheinlichkeit höher, dass Sie entweder große Opfer bringen müssen oder zunächst weit hinter den Rubikon zurückgetrieben werden. Ich möchte Sie deshalb im Sinne einer gesunden Risikokompetenz auf diese Ressourcenfrage hin sensibilisieren.

Ihre wichtigsten Ressourcen

Notieren Sie sich die wichtigsten Ressourcen, die Sie brauchen, um die Veränderung erfolgreich umzusetzen und stabil zu bleiben. Ressourcen können Ideen, Geld, Freunde, Schlaf, ein Coach, Wissen, Zeit, ein guter Anwalt, Familie, Geduld, Ausdauer, ein Glaube, ein Plan B, Sport, Liebe, eine Tafel Schokolade, ein befreiendes Lachen oder vieles mehr sein.

____

____

Sollte eine Ressource unerlässlich, aber nicht vorhanden sein, könnte es sich unter Umständen lohnen, diese zuerst aufzubauen, bevor Sie sich an die große Umsetzung machen. Wenn

Sie beispielsweise davon träumen, sich selbständig zu machen, im Moment aber ohne Geld und mit wackeliger Gesundheit dastehen, kann es, bei klarem Verstand betrachtet, absolut richtig sein, zunächst Rücklagen aufzubauen und sich zu erholen, bevor man beherzt den aufregenden Schritt in die neue Existenz geht.

Denken Sie wie ein Feldherr in eigener Sache: Kein Feldherr, der seine Sache wirklich ernst nimmt, startet ohne entsprechende Bewaffnung, ohne Proviant, ohne Reserven, ohne Plan oder sogar den alternativen Plan B. Ich hoffe, Sie stören sich nicht an dieser militärischen Metapher. Es geht mir um die Essenz der entschiedenen Planung und der klaren Verantwortung für die eigenen Schritte. Sie können es auch mit einem Sportler vergleichen. Kein Sportler startet ohne ausreichende Vorbereitung in den Wettkampf. Ohne Training und ausreichende Erholung würde er oder sie die gesteckten Ziele nicht erreichen. Oder würden Sie aus dem Stand einen Marathon laufen?

Egal was wir entscheiden: Um uns herum gibt es noch eine normale Welt, und in dieser werden wir als Erwachsene gesehen und behandelt. Das schließt auch die Pflichten des Erwachsenen ein. Gerade bei den großen Themen ist ein beherzter Realitätscheck nötig, bevor wir in die Handlungsebene übergehen. Ich kannte einmal jemanden, einen Familienvater, der allen Grund hatte, seine private Situation zu verändern. Er war der Meinung, er könne einfach gehen und ein neues Leben beginnen. Es war für ihn ein Schock zu erleben, welche Pflichten und Absprachen er dennoch mit seiner Frau, der Mutter seiner Kinder, treffen musste, bis er sein neues Leben starten konnte. Neben der guten Vorbereitung braucht es deshalb manchmal eine Portion Geduld, bis die Dinge so sind, wie wir sie brauchen.

Wichtig ist, dass uns dieses Wissen nicht unsere Motivation erstickt. Wenn es so sein sollte, dass wir nach diesen Überlegungen doch keine Lust mehr auf ein Projekt haben, dann war es wahrscheinlich noch Übermotivations-MINDFUCK. Wir haben jetzt aber die Chance, dranzubleiben, neu zu denken und auch große Projekte ernsthaft zu realisieren.

Coaching-Part: Risikokompetenz Folgenabschätzung

Die Frage, die Sie sich auf der Entscheidungsebene deshalb stellen sollten, lautet:
Welche Folgen wird meine Entscheidung haben? Was brauche ich, um mit diesen Folgen produktiv umgehen zu können?

____

____

____

Wenn Sie Ihren ungeliebten Job verlassen, ist es deshalb auch in einer Welt ohne MINDFUCK sinnvoll, eine Vorstellung von Ihrem beruflichen Neuanfang in der Tasche zu haben, bevor Sie loslegen und Ihrem Chef die Kündigung präsentieren. Auch und gerade mitten im Veränderungsprozess sind die Erwachsenen-Stärken Risikokompetenz und Impulskontrolle sehr wichtig.
Es gibt nur sehr seltene Fälle, in denen ich Klienten zu einer Handlung auch dann rate, wenn sie noch nicht genau wissen, wie es weitergehen kann: dann, wenn sie den Eindruck haben, eine Situation zerstört sie, ihre Gesundheit und ihr Selbstwertgefühl in einer Weise, die ihre Handlungsfähigkeit untergräbt. Ja, es gibt sie, diese Art der Lebens-Notwehr. In diesem Fall – und nur in diesem – ist es ratsam, umgehend zu handeln, sich zu erholen und sich mit sich selbst, professionellen Gesprächspartnern und anderen Vertrauensmenschen zu beraten.

Eine weitere hilfreiche Frage in der Entscheidungsebene ist: Welche Folgen hat meine Entscheidung für meine Umgebung?

Hier geht es wohlgemerkt nicht darum, seine Entscheidungen aus einer Kind-Ich-Position von der Zustimmung anderer abhängig zu machen, sondern darum, eine gesunde Risikofolgenabschätzung vorzunehmen und genügend Ressourcen zu sammeln, um mit den Folgen umgehen zu können. Möglicherweise brauchen Sie noch Zeit, um eine Entscheidung in die Tat umzusetzen. Dann ist es richtig und sinnvoll, noch zu warten, bis Sie in den Handlungsraum übergehen. Sie sollten vorbereitet sein. Das ist keine neue Form des Katastrophen-MINDFUCKs, sondern praktische Klugheit. Würden Sie handeln, ohne sich ein Bild über die Folgen und Ihren möglichen Umgang damit gemacht zu haben – und zwar möglichst im Detail –, dann würden Sie wesentliche Stärken des Erwachsenen-Ichs nicht nutzen und sich selbst in einer Weise gefährden, die neue MINDFUCKs lockt.

Pionier sein im eigenen Biotop

Es kann sein, dass Sie der erste Mensch in Ihrer Umgebung sind, der sich von MINDFUCK löst. Wenn das so ist, werden Sie wahrscheinlich eine Menge Unverständnis ernten. Besonders dann, wenn Sie nicht nur in einigen Situationen, sondern in Ihren Beziehungen und Ihrem ganzen Leben etwas ändern möchten. Wir alle sind, fachlich gesprochen, Teile verschiedener Systeme. Sie können sich das vorstellen wie bei einem Mo-

bile. Wenn sich ein Teil bewegt, müssen sich auch die anderen Teile bewegen. Ob sie wollen oder nicht, andere werden bewegt, wenn Sie sich verändern.
Das alte MINDFUCK-System in unserem Kopf ist auf Stabilität ausgerichtet. Und es lebt davon, dass es die anderen ebenso wie wir internalisiert haben und für bare Münze nehmen. Sie wissen jetzt mehr und werden es nicht mehr ohne weiteres akzeptieren können. Doch andere, vielleicht Ihnen sehr liebe Menschen, wissen es noch nicht. Bewegung stört eine verkrustete Art von Stabilität. Instabilität aber ruft MINDFUCK hervor. Das bedeutet, dass sowohl Sie selbst als auch Ihr Umfeld in der Phase der Veränderung möglicherweise noch stärker mit MINDFUCKs zu tun haben als in der trügerischen Ruhe zuvor. Wollen wir unsere innere Sicherheit auch an diesem Punkt stärken und gedanklich durchspielen, was passieren könnte, dann ist es möglich, dass Menschen alle Register ziehen werden, um Sie zur Rückkehr in den alten MINDFUCK-Konsens zu zwingen. Wenn Sie es als Erste wagen, Angst, Druck, Bewertung, Misstrauen, Selbstverleugnung, dumme Regeln und falsche Euphorie durch Mut, Gelassenheit, Offenheit, Neugier, gelebte Individualität, Kreativität und echte, ernsthafte Motivation zu ersetzen, kann das auf andere wie ein Wunder oder aber wie ein böser Scherz wirken.
Bereiten Sie sich deshalb gut auf das vor, was ich gerne als Anti-MINDFUCK-Outing bezeichne. Folgende Fragen können Ihnen zur Vorbereitung nützlich sein:
Wer in Ihrem Umfeld wird voraussichtlich wie auf Ihre Befreiung von MINDFUCK reagieren? Fangen Sie bei der Ihnen am nächsten stehenden Person an und ziehen Sie den Kreis immer weiter.

Wenn Sie kritische Reaktionen erwarten: Was könnte dieser Mensch brauchen, um sich nicht bedroht, sondern in seinem erwachsenen Kern inspiriert, geliebt und ermuntert zu fühlen?

Viele Leserinnen und Leser des ersten Buches haben mich gefragt, ob man denn viele Menschen verlieren würde, wenn man MINDFUCK nicht mehr akzeptiert. Meine Antwort ist, dass das auf den Zustand Ihres derzeitigen Umfelds ankommt. Haben Sie um sich herum bereits das, was ich im Coaching als Biotop bezeichne, dann werden Sie wahrscheinlich mit Ihren neuen Denk- und Handlungsgewohnheiten offen begrüßt. Ein Biotop ist ein Lebensraum, in dem Sie willkommen sind und wachsen und gedeihen können. Man wird Sie dort fragen, ermuntern, und viele werden sich eingeladen fühlen, auch an ihrer eigenen Entwicklung und Öffnung zu arbeiten. Haben Sie aber ein Umfeld, das diese Lebensgrundlagen nicht bietet, dann kann es sein, dass Sie im Laufe der nächsten Zeit nicht nur Diskussionen, sondern vielleicht auch Veränderungen in Ihrem Umfeld erleben. Und möglicherweise ist das auch gut so. Nur Sie können entscheiden, was Ihrem Leben und Ihrer Lebensqualität förderlich ist und was nicht.
Worauf es jedoch besonders ankommt, ist die Frage, auf welche Art Sie selbst zu Ihrem inneren Systemwechsel stehen. Es braucht eine Entscheidung aus dem Erwachsenen-Ich heraus, um auch mit möglichen Widerständen produktiv umgehen zu können.

Fallbeispiel: Die Selbstbefreiung

Einen geradezu vorbildlichen Weg fand eine Klientin, die sich als Mutter von drei Kindern mehr Freiraum in ihrer Familie wünschte. Sie befreite sich in wenigen Sitzungen von einem chronischen Selbstverleugnungs-MINDFUCK und begann, sehr angemessen und erstmals voll und ganz als erwachsene Frau agierend, mit ihrer Familie ihre Veränderungswünsche zu besprechen. Das Echo, das ihr entgegenkam, warf sie fast wieder um. Druck, Vorwürfe bis hin zu Drohungen. Partner und ältestes Kind bemühten das gesamte Arsenal handfester Manipulation, um sie wieder nach den alten Mustern zum Funktionieren zu bringen. Die Angst vor der Veränderung der Ehefrau und Mutter scheint so groß gewesen zu sein, dass Mann und Sohn keine andere Wahl für sich sahen, als abwechselnd ins trotzig-anklagende Kind- und ins strafend-bewertende Eltern-Ich zu gehen. Meine Klientin beklagte sich nicht, denn sie blieb im Erwachsenen-Ich und nahm die Reaktionen ihrer liebsten Menschen zunächst aufmerksam und gleichzeitig ein wenig fassungslos wahr. Was war hier los? Wie sollte sie auf all das reagieren? Je mehr ihre Liebsten spürten, dass sie das alles sehr bewegte, desto stärker drehten sie auf. Sie kannte diese Spirale des Sich-Hochschaukelns von Wutanfällen ihrer kleinsten Tochter und beobachtete fasziniert, wie die Erwachsenen jetzt genau dieses Spiel mit ihr trieben.

Zuerst notierte sich die Frau alle MINDFUCKs, die die anderen und sie selbst in dieser Situation aktivierten. Dann ging sie bewusst ins Erwachsenen-Ich und fragte sich, was sie über all das denke wenn sie sich und ihr Leben ernst nehme. Sie wusste sofort, dass sie nicht bereit war, nachzugeben. Dass es keinen Weg zurück ins alte Leben für sie geben würde. Im nächsten Schritt musste sie lernen, ihre Ängste ernst zu nehmen und produktiv mit ihnen umzugehen. Ihre größte Angst war, ihren Mann und ihre Familie zu verlieren, als Einsame und Ausgestoßene zu enden. Wir arbeiteten im Coaching gezielt an ihrer Fähigkeit, ihre eigene innere Sicherheitszone auszudehnen. Im ersten Schritt ließ ich sie aus dem Erwachsenen-Ich heraus prüfen, wie realistisch eine solche Konsequenz auf einer Skala

von 0 bis 10 sei. Sie antwortete: »Wenn ich ehrlich bin, ist das eher unwahrscheinlich. Ich gebe dem eine Drei. Sie lieben mich ebenso wie ich sie. Es ist jetzt eine erste Schockreaktion.«
Damit war schon eine erste Beruhigung gegeben, die es ihr ermöglichte, weiterhin klar zu denken. In einem zweiten Schritt fragte ich sie, ob sie Lust habe, ein echtes inneres Experiment zu wagen. Sie sagte zu. Ich bat sie, sich innerhalb ihres Erwachsenen-Ich-Zustandes vorzustellen, was wäre, wenn ihr Mann und ihre Kinder sie tatsächlich wegen dieser Angelegenheit verlassen würden. Sie versetzte sich ernsthaft in diese Situation, wohl wissend, dass ich da war, um immer wieder die erwachsene Person, die sie ja tatsächlich war, zu stärken. Zuerst kamen ihr die Tränen. Für einen kurzen Moment tauchte sie in schiere Verzweiflung ein. Doch sie fing sich innerhalb weniger Momente, richtete sich auf, nahm sich ein Taschentuch, schneuzte sich und sagte dann mit leiser und dennoch starker Stimme: »Dann ist es so. Dann werde ich damit umgehen. Dann werde ich Wege suchen müssen, damit umzugehen. Ich wüsste im Moment noch nicht, was ich tun sollte, aber ich würde meinen Weg finden und gehen.« Sie sah mich traurig und dennoch fest und klar an. Eine moderne Heldin.
Es kam zum Glück nicht zum Äußersten. Ihre Ehe, die schon viele Krisen gemeistert hatte, schaffte auch diesen Schritt hin zu einer neuen, tiefen Qualität an Liebe und Verbundenheit und gleichzeitiger Achtung auf Augenhöhe. Doch der Moment, den meine Klientin auch im Nachhinein als den wichtigsten für den Schritt in eine erfolgreiche MINDFUCK-freie Zukunft erachtete, war der Moment, in dem sie sich selbst bewusst wurde, dass sie sicher war, egal was passierte. Dass sie mit allem würde umgehen können, was das Leben ihr auch an Aufgaben zuteilte. Dass sie die Fähigkeit und die Stärke besäße, sich eher zu trennen, als ins alte Oben-unten-Leben der permanenten Selbstverleugnung zurückzukehren. Das ist die Zone der inneren Sicherheit. Je größer und weiter sie ist, desto mutiger und freier sind wir.

Dass Kinder aggressiv oder ablehnend reagieren, kommt übrigens sehr selten vor. Kinder reagieren in der Regel sehr positiv. Sie fühlen sich zu Menschen, die im Erwachsenen-Ich sind, natürlich hingezogen. Erinnern Sie sich an die Übung, in der Sie selbst sich an Erwachsene aus Ihrer Kindheit erinnern sollten. Kinder wissen und spüren instinktiv, dass sie nirgendwo sicherer sind als bei einem echten Erwachsenen. Sollten Sie also die Reaktion Ihrer Kinder auf neue Ideen und Verhaltensänderungen Ihrerseits fürchten, kann ich Sie guten Gewissens beruhigen. Voraussetzung ist jedoch, dass Sie Ihr neues Leben tatsächlich im Erwachsenen-Ich vertreten. Sollten sich Elemente von Scham oder Schuldgefühlen untermischen, sind Sie nicht mehr im Erwachsenen-Ich. Ein freies, liebevolles und aktives Leben ist heute nicht mehr Gegenstand von Scham und Reue. Es sei denn im MINDFUCK-Modus.

Was auch immer Sie zu entscheiden haben, diese Fragen sollten Sie sich beantworten:

Checkliste Entscheidungen treffen

Hilfreiche Fragen auf der Entscheidungsebene:

- Welche Folgen hat meine Entscheidung für mich und mein Leben?
- Welche Folgen hat meine Entscheidung für andere?
- Was brauche ich (noch), um die Entscheidung treffen zu können?
- Welche Ressourcen wären hilfreich? (Zeit, Geld, Freunde, Wissen, Rat, ein Coach …)
- Wie kann ich in meinem selbstwirksamen balancierten Erwachsenen-Ich mit den Folgen konstruktiv umgehen?

Wenn Sie die Entscheidung getroffen und die Folgen abgeschätzt haben, ist der entscheidende Schritt getan. Sie haben sich innerlich befreit und eine klare Meinung gebildet. Sie wissen, was Sie wollen, und haben eine Vorstellung davon, wie Sie es umsetzen möchten.

Coaching-Part: Die Fragen im Handlungsraum

Jetzt ist es Zeit, zu handeln. Sie gehen vom Entscheidungsraum in den Handlungsraum. Auch diese Phase beginnt am besten mit konstruktiver, MINDFUCK-freier, gelungener Kommunikation. Wer muss von meiner Entscheidung wissen? Wer zuerst? Wer dann? Wie kommuniziere ich es am besten? Welche Ressourcen sind dafür hilfreich? Was muss ich konkret tun?

Wenn sich ein Mensch als Erwachsener entscheidet und handelt, ist das in der Regel für andere buchstäblich »unwiderstehlich«. Es kann aber auch sein, dass Widerstände auftreten. Dass andere Sie nicht sehen, nicht verstehen und umstimmen möchten. Je näher Ihnen jemand steht, desto mehr weiß er, was Sie brauchen, aber auch, was Sie stören und zum »Umfallen« bringen könnte. Besonders dann, wenn eine Entscheidung bei anderen Ängste auslöst, kann es sein, dass Sie mit einer ganzen Armada von Widerständen und Manipulationstaktiken konfrontiert sind. Auch wenn Sie Ihre MINDFUCKs überwunden haben, kann es sein, dass genau das die MINDFUCKs anderer besonders auf den Plan ruft. Möglicherweise sind Sie Arrangements in Ihrem Leben eingegangen, die darauf aufbauen, dass Erwachsene stillschweigend Eltern- oder Kind-Rollen einnehmen. Meist geschieht das auf Gegenseitigkeit und im Wechsel. Sowohl beruflich als auch privat. Wenn Sie die unteren Ebenen verlassen und sich stabil im Erwachsenen-Ich zeigen, kann es sein, dass Ihr Gegenüber das zunächst nicht begreift und zu stärksten Abwehrstrategien greift. Nicht selten berichten mir Menschen von Drohungen, Verführungen, massiver Infragestellung, Abwertung, Warnungen etc. Wir wissen jetzt, in welche MINDFUCK-Kategorie was einzusortieren ist. Es ist aber auch wichtig, mit MINDFUCK-Attacken von außen konstruktiv umgehen zu können, ohne selbst wieder in den alten Sumpf gezogen zu werden.

Der Umgang mit Reaktionen im weiteren Umfeld

Menschen, die chronische MINDFUCKs überwunden haben, bekommen oft die Rückmeldung, dass sie sich stark verändert hätten, dass sie manchmal gar nicht wiederzuerkennen seien. Wer den Mund aufmacht, wenn er sonst geschwiegen hätte oder umgekehrt, auch einmal einfach schweigt, wenn er sonst bewertet und kommentiert hätte, fällt tatsächlich aus seinem alten Rahmen.

Das kann Ihnen selbst passieren, wenn das Thema, um das es geht, ein sehr persönliches ist. Wer wirklich eine erfolgreiche Diät startet, weiß, wovon ich rede. Neben zahlreichen Ermunterungen kommen irgendwann, wenn andere merken, dass es ernst gemeint ist, die sogenannten gut gemeinten kritischen Fragen: »Meinst du, es ist wirklich gut für dich, wenn du so hungerst? Meinst du, das macht dich sympathischer? Meinst du nicht, dass du es ein wenig übertreibst?« Als ich selbst ungefähr meine »Halbzeit« erreicht hatte und mehr als 20 Kilo verloren hatte, hörte ich immer öfter: »Jetzt reicht es aber wirklich mit dem Abnehmen, du siehst ja richtig krank aus!« Ich war immer noch gut genährt, aber ich begann mich so offensichtlich zu verändern, dass die Widerstände aus meiner Umgebung stärker wurden.

Auch in der Umsetzungsphase brauchen wir deshalb unseren MINDFUCK-Radar in der sensibelsten Einstellung. Es ist wichtig, immer wieder bewusst ins Erwachsenen-Ich zu gehen. Und zwar besonders dann, wenn es darauf ankommt. Wann aber kommt es besonders darauf an? In den kritischen Handlungsmomenten, die wir jederzeit identifizieren können. Wenn Sie beispielsweise Ihr Verhältnis zu einer bestimmten Person in Zukunft MINDFUCK-frei gestalten möchten, brauchen Sie Ihre Aufmerksamkeit immer dann auf einer höheren Stufe, wenn Sie dieser Person direkt begegnen. Das klingt zunächst banal, ist jedoch eine Tatsache, die nur allzu gerne vernachlässigt wird. Jeder, der zum Beispiel Genussgewohnheiten verändern möchte, kennt das nur zu gut. Wenn Sie mit dem Rauchen aufhören möchten und gewohnt sind, in gemütlicher Runde bei einem Glas Wein zu rauchen, dann ist jede gemütliche Runde mit einem Glas Wein genau die Situation, die Ihre erhöhte Aufmerksamkeit und Ihr gesamtes selbstwirksames Erwachsenen-Ich braucht. Gelingt es Ihnen, haben Sie alles im Griff. Die Anfechtungen werden kommen, aber Sie können Ihnen mit den drei Schritten immer wieder erfolgreich begegnen.

Coaching-Part: Kritische Momente erkennen und mit Überraschungen umgehen

Gehen Sie jetzt Ihre persönlichen Befreiungs- und Veränderungsthemen genau durch. Wann ist in der Umsetzung der kritische Moment, in dem Sie besondere Aufmerksamkeit brauchen?

Sich auf wahrscheinliche Situationen vorzubereiten ist das eine. Das andere ist, eine Strategie für den Umgang mit dem Unerwarteten zu finden. Ich bin immer wieder fasziniert, wie selbst Top-Manager diese Frage für ihr Unternehmen 100-mal durchgespielt haben, für ihr eigenes Leben aber vollkommen neu finden:

Wie gehe ich mit Anfechtungen und Widerständen um, wenn sie unerwartet kommen?

Wer sich gut in der Entscheidungsebene vorbereitet hat, wird wenig Überraschendes erleben. Trotzdem können Momente kommen, die Sie erst einmal aus der Bahn werfen. Was dann?
Ich empfehle folgende Schritte:

- Abstand gewinnen
- Neu durchdenken
- Entscheiden – möglicherweise unter Druck getroffene Entscheidungen zurücknehmen
- Handeln

Ich habe zum Beispiel die Gewohnheit entwickelt, niemals ein größeres Thema am gleichen Tag zu entscheiden. Ich erlaube mir immer Bedenkzeit und eine Nacht, in der ich alles »überschlafen« kann. Ich halte dann Rat mit mir selbst, befrage Menschen, deren Meinung ich schätze, und treffe erst dann eine Entscheidung, wenn ich sie genau geprüft habe. Bei kleineren Themen dagegen, die keine allzu großen Auswirkungen auf mein Leben haben, denke ich nicht mehr so lange nach wie früher. Ich entscheide spontan und lebe auch dann mit den Folgen, wenn sich meine Entscheidung als nicht optimal erwiesen hat.
Es können aber auch auf den ersten Blick sehr sonderbare innere Widerstände auftauchen, auf die Sie vorbereitet sein sollten. Manchmal verschwinden die MINDFUCKs, aber nicht spurlos.

MINDFUCK hinterlässt Spuren

Kehren wir zum Beispiel des Mannes zurück, der zwischen seiner Tätigkeit als Unternehmer und seiner als Berufung empfundenen Tätigkeit als Künstler hin und her schwankte. Als er im Coaching alle MINDFUCKs analysiert und mit den drei Schritten aufgelöst hatte, hatte er eine völlig neue Perspektive gewonnen. Ihm war klar, dass er sich bisher weder als Unternehmer noch als Künstler wirklich ernst genommen hatte und dass es jetzt galt, beide Bereiche aus der selbstwirksamen Haltung des Erwachsenen zu betrachten. Wir prüften die Risiken, er stärkte seine innere Sicherheit, indem er eine konstruktive Haltung allen denkbaren Worst-Case-Szenarien gegenüber einnahm, und entwickelte eine erhöhte Sensibilität gegenüber den verschiedenen Impulsen, die in beiden Bereichen auftauchten. Er stellte zum Beispiel fest, dass er, auch wenn er nicht mehr bewusst mit MINDFUCK beschäftigt war, in beiden Tätigkeiten eine Neigung zur Ablenkung verspürte, sobald er sich entweder in seine Geschäftstätigkeit oder in die Kunst vertiefte. Er störte sich also nicht mehr mit unsinnigen Infragestellungen, merkte aber, dass ihn irgendetwas immer wieder aus der Konzentration brachte. Er fand sich bei der Arbeit im Atelier plötzlich mit seinem Smartphone beschäftigt, surfte ganz gegen seine Gewohnheiten bei seinem Tag im Büro im Internet – sprich: Er störte sich weiter, aber auf eine andere, er nannte es »leere« Art. Das wiederum löste ein bekanntes Gefühl bei ihm aus: das Gefühl, seinen Impulsen ohnmächtig ausgesetzt zu sein und sein Verhalten nicht steuern zu können.

Was mein Klient erlebte, waren die emotionalen Spuren der vergangenen MINDFUCKs. Sie haben aus meiner Sicht ihren Ursprung in unserem emotionalen Gedächtnis und lassen sich durch konsequentes Training sehr gut »überschreiben« und ausschalten.

Eine seiner Bemerkungen im Laufe unseres Coachings warf ein bezeichnendes Licht auf die innerpsychischen Vorgänge, die Veränderungen immer begleiten. Er äußerte immer wieder, wie bekannt ihm das Gefühl von Ohnmacht gegenüber seinen Impulsen sei. Es sei ihm allzu vertraut, Spielball wechselnder Emotionen zu sein. Und er erlebte sich wieder als ein Kämpfer gegen sich selbst. Er habe den Eindruck, »schon immer« gekämpft zu haben, es sei ihm wie seine zweite Haut vertraut.

Das neue Gefühl der Erlaubnis zu beiden Tätigkeiten und der damit einhergehenden Selbstwirksamkeit aber fühle sich so neu, so ungewohnt an, dass es ihm manchmal vorkomme wie ein Traum oder eine Illusion, die bald verfliegen würde. Immer dann, wenn er das tiefe Glück spüren könne, sei die Gefahr der Ablenkungen besonders groß.

Tatsächlich scheinen Gefühlszustände und die dazugehörigen Interpretationen (»Ich fühle mich klein und ohnmächtig, ich bin es nicht wert, ein glückliches Leben zu führen«) tief in unsere Psyche »eingegraben« zu sein. Und folgt man Hirnforschern, ist es genau das, was Gedanken und Gefühle in unserer Hirnphysiologie ausmacht. Verzahnte Impulse, die Kognition und Gefühle verbinden und so vertiefen. So entstehen Muster der »Gefühlserinnerung« und Muster von Gedanken, die uns bekannt vorkommen, weil wir sie, einmal gedacht und intensiv erlebt, immer wieder leicht reproduzieren können. Die Spur in unserem Denken und Fühlen ist gleichsam gelegt und will immer weiter ausgetreten werden. In der neueren erziehungswissenschaftlichen Forschung spricht man vom Phänomen des »Emotionalen Konstruktivismus«, der, grob vereinfacht, besagt, dass wir einmal bekannte emotionale Konstellationen immer wieder neu inszenieren, um ein Gefühl von Bekanntheit und Sicherheit in unserem Leben zu verspüren. Dieser Gedanke ist nah an der Theorie der »privaten Logik« von Alfred Adler, auf die ich im Vorgängerbuch ausführlich eingegangen bin.

Aus meiner Sicht werden sowohl alte Gedanken durch bekannte alte Gefühle hervorgerufen als auch umgekehrt. Wenn wir beispielsweise gewohnt sind, die Welt um uns herum als bedrohlich zu empfinden, werden wir mit einiger Sicherheit immer wieder neue Katastrophen-MINDFUCKs in unterschiedlichen Spielarten aktivieren. Gleichzeitig wird ein chronisches Gefühl latenter Unsicherheit und Bedrohung uns dazu einladen, diese Bedrohung im Außen auch zu suchen. Und wer suchet der findet bekanntermaßen. Aus der Perspektive des Coachs aber ist es wichtig, dass wir den emotionalen und gedanklichen Konstruktionen unserer Vergangenheit nicht ausgeliefert sind.

Neue Spuren legen

Wir können die eingetretenen Pfade durchaus verlassen, auch wenn es immer wieder unserer Aufmerksamkeit und möglicherweise auch steten Trainings bedarf. Und die gute Nachricht ist, dass sich auch gute Fühl- und Denkgewohnheiten irgendwann als »eingetretene Bahnen« selbst reproduzieren. Das heißt, je länger es uns gedanklich und emotional gutgeht und wir das alte Verhalten unterbrechen und durch neues ersetzen, desto wahrscheinlicher ist es, dass sich dieser Zustand verstetigt und dauerhaft wird. Wollen Sie beispielsweise bestimmte Verhaltensgewohnheiten verändern, kommen Sie gut weiter, wenn Sie sich bewusst in die Situation begeben, in der Sie sich nun anders verhalten wollen, und sich dann bewusst neu und anders verhalten. Mit jedem Mal wird die Spur tiefer, und was vorher neu für Sie war, wird die neue Gewohnheit. Falls Sie irgendwann in das alte Verhalten zurückfallen, einfach von vorn anfangen. Macht doch nichts!

Man kann es übrigens auch richtig zelebrieren, neue Spuren zu legen. Ich habe mir das von einer Freundin abgeguckt, die ihre junge Labrador-Hündin Elsa in ihrem Wagen mit in die Waschanlage nahm. Der Hund saß auf dem Beifahrersitz. Ich saß hinten im Wagen und konnte nur darüber staunen, was ich nun erlebte. Meine Freundin fackelte für ihren kleinen Welpen ein wahres Begeisterungsfeuerwerk ab, als der Wagen durch den Waschbereich ruckelte. »Ui schau mal, Elsa, wie schööööön ...! Und jetzt die tollen Riesenlappen, schau ...!« Sie riss die Augen weit auf, jubelte vor sich hin, streichelte den Hund und gab ihm immer wieder Leckerli. Ich war baff. Mit dieser Show hatte ich nicht gerechnet. Elsa blieb bei Laune. Als ich mich wieder nach vorn setzen durfte, sah ich meine Freundin wortlos fragend an. Sie meinte: »Wenn ich will, dass sie keine Angst hat bei dem Getöse, muss ich mich schon ein wenig anstrengen. So gewöhnt man Hunde an Situationen, in denen sie sonst Panik bekommen.« Seitdem habe ich ein noch feineres Gespür für die manipulative Kraft der Übermotivation. Wenn ich zum Beispiel aus Versehen beim Fernsehen in einen Shopping-Kanal zappe, fühle ich mich sofort wie der Hund der Waschanlage.

Positiv gesehen, ist es tatsächlich sinnvoll, gerade in Momenten, in denen Sie Ihr Verhalten diametral verändern wollen, in diese kurze Sequenz der Übermotivation zu gehen und sich bewusst sehr gute, ja euphorische Gefühle herzustellen. Wir wissen heute längst, dass nachhaltiges Lernen in unserem Gehirn nur funktioniert und neue neuronale Verknüpfungen bildet, wenn es mit starken Gefühlen verbunden ist. Diese Gefühle sollten natürlich gut sein, damit wir dieses Verhalten wieder freiwillig suchen. Das ist aus meiner Sicht die weit angenehmere, wirkungsvollere und vor allem für einen Menschen würdevollere Form der Selbstkonditionierung als Antony Robbins' Empfehlung, eine Dose Hundefutter zu essen, wenn Sie nicht einhalten, was Sie sich vorgenommen haben.

Als ich mir zu Beginn meiner Diät eine Mahlzeit machte, gewöhnte ich mir an, jeden Teller in Ruhe zu bewundern und mich lautstark über Frische, Duft und das Geschmackserlebnis zu freuen, das mich nun erwartete. Ich bin den Menschen, die mich in dieser Zeit begleiteten, heute noch sehr dankbar für ihre Geduld und ihren Humor, aber es ist bis heute so geblieben, dass ich mich über einen Teller mit frischem Fisch und Salat außerordentlich freue. Die alten Spuren habe ich verwischt und selbständig neue gelegt. Ich denke, dieses kleine Detail hat großen Anteil daran, dass ich mein Gewicht bis heute recht gut halte.

Vielleicht fragen Sie sich, ob man Gefühle wirklich erzeugen kann. Ja, kann man. Gefühlstraining ist insgesamt eine sehr wichtige und günstige Form zur Steigerung Ihrer Selbstwirksamkeit. Ich möchte Sie deshalb zu folgendem kleinen Grundlagentraining einladen.
Denken Sie bitte an den Menschen, in den Sie zuletzt richtig verliebt waren oder in den Sie aktuell sehr verliebt sind. Bitte suchen Sie nach dem Moment oder Ereignis, in dem Sie das aufregende, fantastische, umwerfende Gefühl der Verliebtheit am meisten gespürt haben. Oft ist das der Moment, in dem uns zum ersten Mal klarwird: »O Gott, ich bin ja total verliebt!« Gehen Sie jetzt richtig rein in diese Erinnerung und gönnen sich die schönsten Bilder, Gerüche, Gefühle, Geräusche, die Stimme des geliebten Menschen, verliebtes Flüstern, was auch immer Ihnen jetzt in den Sinn kommt. Wenn ich jetzt neben Ihnen sitzen würde, müsste ich es an Ihrer Gesichtsfarbe, dem Strahlen in Ihren Augen und einer bestimmten Aufregung in der Atmung merken, ob Sie wirklich »drin« sind in diesem Gefühl. Sie können es selbst testen und mit Ihrem erinnerten und bewusst aktivierten Verliebtheitsgefühl vor den Spiegel gehen. Schauen Sie sich an. Sie sind in der Lage, jedes Gefühl bewusst zu aktivieren. Ist das nicht umwerfend?
Einem Unternehmer, der sich nach dem MINDFUCK-Coaching zum ersten Mal seit Jahren Urlaub erlaubte, gab ich die Aufgabe mit, jeden Morgen und in jedem Moment, in dem sich ein MINDFUCK meldete, bewusst Erfolgs- und Glücksgefühle zu erzeugen. Er stellte sich mit Blick auf den See auf die Terrasse seines Hotelzimmers und steigerte sich bewusst in seine besten Erinnerungen und Gefühle hinein. »Zuerst kam ich mir richtig blöd vor«, gestand er mir nach seiner Rückkehr, »aber dann fing ich eines Morgens an, mir wie Tarzan auf die Brust zu schlagen und laut zu jubeln. Meine Frau fand das urkomisch und irgendwie richtig gut. Sie meinte, das sei der Mann, in den sie sich verliebt hätte.«

Eine neue Form von Leichtigkeit

Wenn Sie bereits erste Umsetzungsschritte unternommen haben und sich ein völlig neues Verhalten erlauben, können Sie damit rechnen, dass sich Spuren des MINDFUCK über Ablenkungen und Aktivierungen alter Gefühlsbahnen zeigen. Nun, da Sie darauf vorbereitet sind, kann Sie das nicht mehr dauerhaft stören. Jedes Mal, wenn Sie eine Ablenkung wahrnehmen, ist es gut, ohne Wenn und Aber zurückzukehren zu dem, was Sie eigentlich tun wollten. Wenn Ihnen das nicht möglich ist, feiern Sie Ihre neue Freiheit und lenken sich so lange ab, bis Sie wieder von selbst Lust auf das haben, was Sie eigentlich tun wollen. Wenn Sie sich MINDFUCK-Gefühle abtrainieren wollen, hilft es, sich im kritischen Moment bewusst in gute Gefühle richtiggehend »hineinzusteigern« und eine neue, positiv besetzte emotionale Bahn zu spuren.

All diese Überlegungen, Vorbereitungen und Strategien dienen dazu, Ihre innere Sicherheit in der Umsetzungsphase zu stärken. Meine Erfahrung ist, dass Sie mit jedem Mal, an dem Sie den Rubikon überschritten haben, stärker sind. Je öfter Sie es tun, desto natürlicher erscheint es Ihnen, sich von MINDFUCK zu befreien und undramatisch das zu tun, was dann zu tun ist. Die Aufgabe wird also bei mehrmaliger Wiederholung leichter und wird irgendwann so sehr zu einer Gewohnheit, dass Sie sich gar nicht mehr vorstellen können, wie es war, als Sie sich noch selbst blockiert haben. Sie werden sich umsichtig, klar und selbstwirksam um Ihr Leben kümmern und es auf eine neue Art in die Hand nehmen und gestalten. Die Gefühle, die Sie dabei erleben werden, sind tatsächlich von einer neuen Qualität. Die meisten beschreiben es als ungeahnte »Leichtigkeit«, erleben eine neue Dimension von »Kraft« und »Zuversicht«, die es Ihnen erlaubt, auch mit den schweren Momenten konstruktiv umzugehen.

Leben nach dem MINDFUCK

Es ist Anfang April und der Winter scheint kein Ende zu nehmen. Eines Morgens wache ich auf, schaue in den trüben Himmel und beschließe, einfach abzuhauen in den Süden. Ich buche einen Flug, einen Mietwagen, und packe meinen Laptop und ein paar Sachen ein. Zwei Stunden später sitze ich im Flugzeug von Berlin nach München, dort wartet der Wagen, mit dem ich nach Italien fahre. Über den Wolken, einen Becher Café in der einen, einen Schokoriegel in der anderen Hand, genieße ich den gleißend hellen Himmel. Unter mir breitet sich ein Teppich weißer Schäfchenwolken aus.

Ängste überwinden

Noch einige Jahre zuvor wäre ich nicht geflogen. Ich hatte Angst, in ein Flugzeug zu steigen. Eine Reise nach Rio, die mir jemand zum 30. Geburtstag schenkte, trat ich niemals an. Meine Angst war einfach zu groß. Der Radius meiner Möglichkeiten war auf die Orte beschränkt, die ich mühelos mit dem Zug oder zur Not mit dem Auto erreichen konnte.
Im hellblauen Aprilhimmel über den Wolken ist diese Zeit jetzt ganz weit weg. Meine Fähigkeiten, mit dem Leben konstruktiv umzugehen, haben sich fundamental verändert. Und mit den inneren Veränderungen kamen ganz natürlich auch die äußeren. Ich habe zurückgefunden zu dem Mut, der immer da war, bevor ich anfing, mich selbst zu blockieren. Ich lebe inzwischen das Leben, das ich wirklich haben möchte. Ich habe meine Berufung gefunden, treffe täglich interessante Menschen, beschäftige mich mit Themen, die ich für sinn- und wertvoll halte und habe noch große, aufregende Pläne. Ich freue mich über mein erfülltes Privatleben und habe nach so vielen Jahren

auch mein großes persönliches Thema mit den drei Schritten überwinden können und mehr als 40 kg abgenommen. Manche sagen, ich sei ein neuer Mensch geworden. In Wirklichkeit habe ich nur aufgehört, mich zu stören und bin die geworden, die ich eigentlich bin. Das Wichtigste aber, das auch andere berichten, die MINDFUCK überwunden haben: das Leben fühlt sich anders an. Es ist wieder offen. Wie in den besten Tagen unserer Kindheit. Es ist wieder spannend. Es fühlt sich an wie ein gutes Abenteuer und es ist ein großer kreativer Akt. Ich weiß heute noch nicht, wer ich in zehn oder zwanzig Jahren sein werde. Das fühlt sich für mich gut an, weil der Horizont damit weit ist und ich mich überraschen und vom Leben tragen lassen darf, anstatt es ängstlich zu kontrollieren und verbissen zu steuern. Viele Menschen, die MINDFUCK hinter sich lassen, sprechen sowohl in auf einzelne Situationen als auch auf das Lebensgefühl insgesamt bezogen von einer kreativen Explosion, die Ideen, Projekte und Erlebnisse ermöglicht, die vorher undenkbar schienen.

Mit Schwierigem umgehen

Ist mein Leben nun immer nur einfach? Ist es vielleicht zu schön, um wahr zu sein? Während ich hinaussehe, meinen Kaffee genieße und mich immer mehr auf den Süden freue, fällt mir ein, dass ich noch nicht einmal ein Jahr zuvor am Abgrund einer echten, lebensbedrohlichen Krise stand. Bei einem Belastungs-EKG, das ich zur Vorbereitung auf meine Alpenüberquerung machen ließ, fielen den Ärzten ernsthafte Unregelmäßigkeiten auf. Ein Herzspezialist gab mir wenig Hoffnung. »Es ist sehr wahrscheinlich«, sagte er, »dass Sie eine schwere Herzkrankheit haben.« Alle Statistiken sprachen gegen mich und es hätte mein Leben auf eine sehr unschöne Art verändert und um Jahre verkürzt. Nach dem ersten Entsetzen, ersten MINDFUCK-Attacken und dem Versuch, die Situation schlicht und einfach zu verdrängen, entschließe ich mich, allein im Auto sitzend – mitten im tosenden Berliner Stadtverkehr – mit den drei Schritten zu arbeiten. Ich gehe ins Erwachsenen-Ich und spiele alles durch, was jetzt kommen könnte. Ich weiß, ich würde mit allem umgehen können. Dann beschließe ich, die Stunden der Ungewissheit bis die Ergebnisse da sind, mit Neugier, Vertrauen und Freude an der Erfahrung zu verbringen. Ich beobachte mich selbst, die emotionalen und gedanklichen Wellen, die durch mich hindurchströmen, die Dankbarkeit dem Leben gegenüber, die Angst, es zu verlieren, Erinnerungen kommen hoch, die ich längst vergessen hatte. Meine Lebendigkeit wird größer, je mehr ich mich dem Thema zuwende, statt mich in Panik abzukapseln. Das Leben ist freundlich mit mir. Ich gehöre zu der verschwindend kleinen Anzahl von Frauen, bei denen dieser Befund normal ist. Mein Herz ist vollkommen gesund.

Mir ist bewusst, dass nicht immer alles so glimpflich ausgehen muss. Was ich aber weiß, ist, dass ich mithilfe der drei Schritte auch im Notfall mit allem umgehen kann.

Stärker werden

Während das Flugzeug zur Landung ansetzt, denke ich an eine peinliche Situation, die mir vor MINDFUCK noch echte Schwierigkeiten bereitet hätte. Ich stand seit knapp zehn Minuten auf der Bühne der Österreichischen Wirtschaftsjunioren in Dornbirn und sprach über MINDFUCK, da winkt mir die Veranstalterin aus der ersten Zuschauerreihe aufgeregt zu. Sie macht eine Handbewegung, die irgendwie auf mein Dekolleté hindeutet. Ich verstehe zuerst nicht, was sie meint. Dann dämmert mir etwas, das mir augenblicklich das Blut in den Kopf schießen lässt. Mir wird heiß und kalt, ich wage den Gedanken im ersten Moment nicht weiter zu denken. Ich versuche die aufgeregt winkende Dame einfach zu ignorieren. Was mir als Möglichkeit durch den Kopf geht, das darf, das kann einfach nicht wahr sein. Vor mir sitzen rund 300 Menschen. Überwiegend Männer. Es ist mucksmäuschenstill. Alle Augen sind auf mich gerichtet. Doch die Dame in der ersten Reihe hört nicht auf, wild zu gestikulieren. Da wage ich endlich einen Blick an mir herunter und sehe, was ich befürchtet habe. Meine Bluse hat sich bis zum Bauchnabel geöffnet und klafft weit auseinander. Ich stehe im BH vor versammelter Mannschaft. »Das kann jetzt nicht wahr sein«, ist das erste, was mir durch den Kopf schießt. Dann meldet sich mein mittlerweile gut trainierter MINDFUCK-Radar. Ich weiß, dass ich mir jetzt keinen MINDFUCK leisten kann. Ich halte alle Vorträge frei und brauche dazu meine ganze Konzentration und volle Präsenz. Ich spreche noch nicht einmal zehn Minuten und ich will, dass der Vortrag ein Erfolg wird. Ich gehe also schnurstracks ins Erwachsenen-Ich, nehme eine Portion Neugier, Vertrauen und Freude an der Erfahrung dazu. Dann lege ich in aller Ruhe meinen Laserpointer zur Seite, sehe die Menschen offen an und beginne, während ich anfange zu sprechen, in ebenso großer Ruhe, meine Bluse zuzuknöpfen: »Tja, meine Damen und Herren, es gibt Momente, an die erinnert man sich noch ein Leben lang. Vielen Dank, dass Sie diesen Moment gerade mit mir geteilt haben.« Meine Zuhörer lachen herzlich, geben mir spontan Applaus und ich kann konzentriert mit meinem Vortrag fortfahren. Später fragen mich einige, wie ich in dieser Situation so schlagfertig sein und dann auch noch ohne Störung weitersprechen konnte. Was da aus mir sprach, war die ganz natürliche Kreativität, die wir alle haben, wenn wir offen sind und uns nicht mit MINDFUCK stören. Geborgen in unserer eigenen, echten Sicherheit, reagieren wir spontan, statt zu verkrampfen. Wir sagen dann einfach das Richtige.

Gärtner des eigenen Lebens sein

Als ich mit leichtem Gepäck über die Gangway schlendere, denke ich an die vielen Menschen, die ich gecoacht habe und die mir wegen MINDFUCK geschrieben haben. Ihre Geschichten sind aus meiner Sicht die wahren Heldengeschichten unserer Zeit. Sie erzählen davon, wie sich Menschen heute aus eigener Kraft selbst befreien. Sie haben jahrzehntelange Familienzwiste beendet, sind ausgewandert, haben grandiose Firmen gegründet, hoffnungslose Beziehungen beendet, Krankheiten besiegt, die Liebe gefunden oder sie in Frieden losgelassen, neues Leben in die Welt gesetzt, ihre Berufung gefunden, großartige Erfolge erzielt oder sich einfach zum ersten Mal in ihrem Leben richtig entspannt. Manche ärgern sich, dass sie nicht früher damit angefangen haben, die meisten aber legen einfach los mit dem Leben, das sie wirklich haben wollen. Sie misten aus, sie graben um, sie sind vom General, der tausend vergebliche Schlachten führte, zum Gärtner in eigener Sache geworden. Jeder findet seine Art und sein Tempo, mit dem er die Selbstsabotage beendet und in sein neues, besseres Leben aufbricht.

Das eigene Biotop

Gärtner seines Lebens zu sein, ist ein Bild, das mir für die Arbeit mit MINDFUCK sehr gut gefällt, denke ich, während ich auf meinen Koffer warte. Ein Leben, das wir nach uns und unseren wirklichen Bedürfnissen und Möglichkeiten ausrichten, ist wie ein Biotop, in dem wir endlich wachsen und gedeihen können. Die Arbeit am eigenen Biotop ist deshalb etwas, das alle kennen, die sich von MINDFUCK befreit haben. Selbst wer zu Beginn noch zurückhaltend ist und sich nur an die Verbesserungen einzelner Situationen herantraut, wird mit der Zeit mutiger und beginnt, sein Leben von Grund auf neu zu durchdenken.

Was ist Ihr persönliches Biotop? Wie sieht ein Leben aus, in dem Sie sich voll entfalten können? In welcher Umgebung wachsen Sie? Welche Menschen tun Ihnen gut? Welche Orte, welches Klima? Es kann ein äußeres Klima sein und tatsächlich um Orte gehen, die Sie öfter aufsuchen wollen. So wie ich, die ich gerade die Flucht in den warmen Süden angetreten habe. Und es kann um das Klima im übertragenen Sinne gehen, um die Stimmung, die in Ihrer Umgebung herrscht. Ist es ein gutes Klima, in dem Sie sich öffnen können? In dem Sie gesehen und ermuntert werden? Ist es Ihnen in Ihrem derzeitigen Leben möglich, auch anderen ein Biotop zu sein, ohne sich selbst aufgeben oder überanstrengen zu müssen? Wie ist es in Ihrer Familie? Wie ist es an Ihrem Arbeitsplatz? Welches Klima herrscht da? Lernen Sie noch etwas? Können Sie sich einbringen? Sind die Ziele, für die Sie arbeiten, Ziele, hinter denen Sie stehen? Sehen Sie die Menschen, mit denen Sie arbeiten, gerne? Können Sie sich das aussuchen?
Ja, Sie können. Doch natürlich müssen Sie nichts ändern, was Sie nicht wirklich ändern wollen. Freiheit heißt auch, die Dinge lassen zu können. Es geht nicht um eine neue Form von Perfektionismus. Ich möchte Sie nur sensibilisieren für die Qualität in Ihrem Leben. In allen Bereichen, denn sie gehören alle dazu.

Während der Fahrt durch die Alpen kommt mir ein Gedanke von Hannah Arendt in den Sinn. Für sie war das Wunder des Lebens die Geburt, die Chance des Neuanfangs. Das Wunder ist, dass jeder von uns als Individuum einen Anfang zu setzt und eine Geschichte beginnt, deren tiefsten Sinn wir zu Lebzeiten wohl gar nicht erfassen können. Sie hielt es deshalb für wichtig, einen würdigen Anfang zu setzen, Rituale zu finden, die diesen Anfangspunkt kennzeichnen.

Ich möchte Sie deshalb – frei nach Hannah Arendt - dazu einladen, sich selbst ein großes, symbolisches Geschenk zu machen. Als Zeichen Ihres Anfangs. Überlegen Sie sich etwas, was Sie spontan umsetzen können und was Ihr Herz vor Freude wirklich schneller schlagen lässt. Etwas, was Sie sich vielleicht schon lange gewünscht haben. Was es auch sei: eine Reise, eine aufregende Nacht, der Erwerb eines wertvollen Stückes, einen Menschen kennen lernen, der Sie fasziniert. Nicht um sich zu belohnen, sondern damit Sie sich selbst ein unmissverständliches, emotionales Zeichen geben, dass Sie wirksam sind, dass Sie es ernst meinen. Dass Sie heute damit anfangen, besser zu leben. Was könnte das sein?

Ich bin angekommen. Ich sitze auf der Terrasse meines Apartments in Südtirol und lasse mir die ersten warmen Sonnenstrahlen ins Gesicht scheinen. Vögel zwitschern und es liegt ein wunderbarer Duft in der Luft. Hier werde ich gut leben und arbeiten können. Ich frage mich, was zu den Dingen gehört, die sich in einem Leben nach dem MINDFUCK ändern. Neben den vielen äußeren Veränderungen, die sich in einer ganz neuen Qualität von Erfolgen, Erlebnissen und Begegnungen zeigen, kommt so etwas wie ein feierliches Gefühl eines weit größeren Anfangens dazu. Eines Anfangs, der über uns als einzelne hinaus weist. Wir bekommen eine Ahnung davon, dass wir in einer aufregenden Zeit leben, dass es viele wunderbare Möglichkeiten und ebenso viel zu klären gibt und dass wir zu einer der ersten Generationen in der Geschichte der Menschheit gehören, die ihr Leben wirklich selbst beeinflussen können. Und da ist noch ein zweiter Punkt, der mir wichtig erscheint. Je mehr Menschen damit aufhören, sich mit MINDFUCK selbst zu begrenzen und je mehr von uns immer öfter im selbstwirksamen Erwachsenen-Ich leben, desto mehr werden wir auch ein Biotop füreinander. Und was dann aus uns allen und dieser Welt werden könnte, ist eine wirklich aufregende Frage.

Zum Abschluss möchte ich Ihnen noch verraten, was mir dabei geholfen hat, meinen inneren Kompass immer wieder neu auf Lebensqualität auszurichten und nicht nachzulassen, MINDFUCKS aufzuspüren und aufzulösen. Ich habe gute Erfahrungen damit gemacht, mir wöchentlich in meinen Kalender eine Erinnerung einzutragen. Es sind zwei einfache Sätze. Der erste lautet: Ist das das Leben, das Du haben möchtest? Der zweite: Was würdest du tun, wenn du dich nicht störst?

Lösungsteil

Lösung Grundlagentraining: Finde die MINDFUCKs! (S. 52-58)

1. JA! Selbstverleugnungs-MINDFUCK und zum Teil Regel-MINDFUCK
2. JA! Bewertungs-MINDFUCK und Selbstverleugnungs-MINDFUCK
3. JA! Selbstverleugnungs-MINDFUCK; zum Teil Katastrophen-MINDFUCK
4. JA! Selbstverleugnungs-MINDFUCK; Bewertungs-MINDFUCK; Regel-MINDFUCK; Katastrophen-MINDFUCK
5. JA! Misstrauens-MINDFUCK; Katastrophen-MINDFUCK
6. JA, Selbstverleugnungs-MINDFUCK; fremdinduzierte Schuldgefühle
7. JA! Bewertungs-MINDFUCK mit Folge Selbstverleugnungs-MINDFUCK
8. NEIN! Wirksame Selbstsorge im Erwachsenen-Ich
9. JA! Druckmacher-MINDFUCK mit Katastrophen-MINDFUCK
10. JA! Bewertungs-MINDFUCK
11. JA! Bewertungs-MINDFUCK; Regel-MINDFUCK
12. Druckmacher-MINDFUCK; Bewertungs-MINDFUCK; in der Folge Selbstverleugnung
13. JA! Übermotivations-MINDFUCK; Kind-Ich
14. JA! Misstrauens-MINDFUCK; Bewertungs-MINDFUCK, Eltern-Ich und aggressives Kind-Ich

15. JA! Regel-MINDFUCK; Selbstverleugnungs-MINDFUCK
16. JA! Bewertungs-MINDFUCK; als Folge Selbstverleugnungs-MINDFUCK
17. JA! Bewertungs-MINDFUCK; Selbstverleugnungs-MINDFUCK, strafendes Eltern-Ich, Kind-Ich
18. NEIN! Erwachsene Selbstfürsorge
19. JA! Katastrophen-MINDFUCK
20. NEIN! Erwachsene Selbstfürsorge und Selbstwirksamkeit
21. JA! Misstrauens-MINDFUCK; Regel-MINDFUCK; wahrscheinlich auch Druckmacher-MINDFUCK
22. JA! Katastrophen-MINDFUCK; versteckter Regel-MINDFUCK
23. JA! Druckmacher-MINDFUCK; Katastrophen-MINDFUCK; Bewertungs-MINDFUCK
24. JA! Selbstverleugnungs- und Bewertungs-MINDFUCK
25. NEIN! Erwachsene Selbstfürsorge; klare wirksame Entscheidung

Auflösung Übungsfall: Lea und die Gartenexpertin (S. 116)

Zu 1) Bewertungs-MINDFUCK, Selbstverleugnungs-MINDFUCK. Sie wertet sich selbst, ihr Anliegen und ihr Auftreten ab, gewichtet Frau H. und ihre angeblichen Interessen übermäßig stark und stellt sie vor ihre eigenen. Die Folge: Sie verhält sich passiv und verpasst ihre Chance.

Zu 2) Leas Perspektive im MINDFUCK-Modus ist vor allem das bewertend-kritisierende Eltern-Ich sich selbst gegenüber. Aus der Perspektive der selbstwirksamen Erwachsenen könnte sie zum Beispiel Folgendes denken: »Es ist mir zwar ein wenig unangenehm, aber es ist eine große Chance, Mathilde H. jetzt anzusprechen. Ich warte ab, bis die anderen fertig sind, und spreche sie dann an.

Ich sage ihr, dass ich sie und ihre Arbeit großartig finde und gerne von ihr lernen würde. Je nachdem, wie sie reagiert, spreche ich sie direkt auf ein Praktikum an oder frage sie, ob sie einen guten Rat oder vielleicht sogar einen für mich hilfreichen Kontakt hat, falls es bei ihr nicht klappen sollte. Fragen kostet nichts, und mehr als ›Nein‹ sagen kann nicht passieren. Wenn sie ›Nein‹ sagt oder sogar unangenehm reagiert, ist nichts passiert. Der Moment geht schnell vorbei, und ich habe es zumindest versucht.«

Zu 3) Aus der Erwachsenen-Perspektive und zusätzlich in der Hinwendung zur Situation mit Neugier, Vertrauen und Freude an der Erfahrung könnte sie Folgendes denken: »Das ist wirklich eine sehr gute Gelegenheit, eine Expertin wie Frau H. gleich persönlich kennenzulernen. Ich bin gespannt, wie sie auf mein Anliegen reagiert. Eigentlich denke ich, dass sie sich bestimmt über meine Begeisterung für ihre Arbeit freut. Egal wie sie reagiert, werde ich gleich eine Erfahrung machen, an die ich mich bestimmt lange erinnern werde. Schließlich werde ich mit ihr persönlich sprechen, und eine Frau wie sie treffe ich nicht jeden Abend. Ich warte jetzt einfach ab, bis die anderen fertig sind … (Dann wie oben.)

Auflösung Übungsfall: Prüfungsangst (S. 118)

Zu 1) Ja, eindeutig MINDFUCK. Und zwar Bewertungs-MINDFUCK, gepaart mit Katastrophen-MINDFUCK. Als Folge kommt ein Druckmacher-MINDFUCK hinzu, der ihn nachts noch weiterarbeiten lässt und wertvollen Schlaf kostet. Er ist im Kind-Ich und beobachtet sich selbst beim Scheitern.

Zu 2) Aus dem Erwachsenen-Ich heraus erkennt Matthias sofort, dass die Gesellenprüfung eine wichtige und gleichzeitig ganz normale Sache in seinem Berufsleben ist. Da er ein guter Auszubildender ist und viele Jahre sehr gutes Feedback von Kunden, Kollegen und Meistern bekommen hat, weiß er im Erwachsenen-Ich, dass es sehr unwahrscheinlich ist, dass etwas schiefgeht. Und selbst wenn er scheitern sollte, ist das keine existenzielle Bedrohung.

Zu 3) Mit einer Haltung aus Neugier, Vertrauen und Freude an der Erfahrung ist er sogar gespannt darauf, wie die Prüfung wird. Es ist ja auch in einem guten Sinne aufregend, sein Können unter Beweis stellen zu dürfen, und er hat allen Grund, seinen Fähigkeiten zu vertrauen. Der Tag wird sicher interessant und alles andere als langweilig.«.

Auflösung Übungsfall: Der chronische Faulpelz (S. 213)

Zu 1) Ja. Bewertungs-MINDFUCK, verspieltes Kind-Ich und überfürsorgliches Eltern-Ich, das alles entschuldigt, gefolgt von strafendem Eltern-Ich, das ihn als »Faulpelz« abwertet. Der Wunsch, in den Hintern getreten zu werden, stammt aus dem Druckmacher-MINDFUCK als angebliche »Lösung« des Problems.

Zu 2) »Ich merke, dass ich etwas anderes machen möchte, als an meinem Buch zu schreiben. Ich frage mich, ob ich dieses Buch wirklich schreiben möchte. Wenn ja, werde ich mich also hinsetzen und daran arbeiten. Ich kann es mir leichter machen, wenn ich für gute Umstände sorge. Wenn nein, werde ich mir Gedanken machen, wie ich weiter mit dem Buch umgehen möchte, um vielleicht sogar Platz für neue Ideen und Aktivitäten zu machen.«

Zu 3) »Wenn ich mich dem Buchprojekt und meinem Umgang damit mit Neugier, Vertrauen und Freude an der Erfahrung zuwende, merke ich, dass ich wieder Lust bekomme, darüber nachzudenken und daran zu arbeiten. Eigentlich ist es ein tolles Thema, und ich freue mich darauf, wenn es fertig ist. Es ist nur ein kleiner Schritt, und ich bin gespannt, wie ich die Probleme, die das Buchprojekt an mich stellt, bewältigen werde.«

Alternative 1: »Das ist wirklich interessant mit dem Buch. Ich merke, dass es mich wirklich nicht interessiert, dass ich es nur tue, um etwas damit zu erreichen. Das aber ist bereits sehr spannend und bringt mich schon ein Stück weiter. Ich möchte eine Aufgabe finden, die mich mehr reizt und die ich wirklich machen möchte. Ich denke immer, ich müsste ein Buch schreiben, aber in Wirklichkeit muss ich das gar nicht. Was könnte mich wirklich reizen? Das wird die erste, spannende Aufgabe sein, der ich mich widmen möchte.«
Alternative 2: »Ich merke, dass es mich immer wieder weg vom Schreibtisch und hinaus in den Tag treibt. Wie könnte ich beides verbinden? Buch schreiben und rauskommen? Ich könnte den Laptop mitnehmen oder mir zumindest die nächsten Kapitel skizzieren. Und dann darüber nachdenken, auf welche Arten ich mir die Arbeit noch erleichtern könnte.« Wichtig: Als Erwachsener hat Christian F. wirklich die Freiheit, ganz grundsätzlich darüber nachzudenken, womit er seine Lebenszeit verbringen möchte und womit nicht. Es steht ihm frei, sich Themen und Projekte zu suchen und seine Meinung auch wieder zu ändern. Er ist derjenige, der die Kompetenz hat, selbstwirksam zu sein, seine Gefühle zu einem Thema selbst zu regulieren, seine Impulse zu steuern und Risiken einzugehen. Der einzige »Richter«, den er hat, wenn er sich nicht selbst stört, ist er selbst und seine gefühlte Lebensqualität.

Adressen

Liebe Leserin, lieber Leser,
wenn Sie mehr über MINDFUCK®, die Autorin und ihre Coaching-Akademie wissen möchten, empfehlen wir Ihnen folgende Adressen:
Rund um das Thema MINDFUCK
www.mindfuck-coaching.com
Hier finden Sie Materialien, Hintergrundinfos, Seminare, Videos, MINDFUCK®-Coachs in Ihrer Nähe und vieles mehr.

Über die Autorin
www.petrabock.de
Hier finden Sie Neuigkeiten, aktuelle Vortragstermine, Presse, Seminare und Bücher von und mit Dr. Petra Bock.

Über die Dr. Bock Coaching Akademie
www.dr-bock-coaching-akademie.de
Dr. Petra Bock bietet mit einem exzellenten Team international zertifizierte Ausbildungen zum Life-Coach und zum Business-Coach sowie weitere Fortbildungen für Coachs an. Kollegen, die mit der geschützten MINDFUCK®-Methode professionell arbeiten möchten, können den Coaching-Ansatz exklusiv an der Akademie kennen lernen und eine lizensierte Fortbildung absolvieren.
Dr. Bock Coaching Akademie
Albrechtstraße 14 b
D-10117 Berlin
Tel.: 0049-(0)30/30 83 280-0
Fax: 0049-(0)30/30 83 280-29
E-Mail: kontakt@petrabock.de

Danksagung

»Isolation is the killer of your dreams«, sagt Barbara Sher. Wie recht sie damit hat. Und wie glücklich ich bin, in meinem Leben von so vielen wunderbaren Menschen umgeben zu sein. Für dieses Buch bedanke ich mich zuerst bei Daniela Horstmann, die die erste, ausführlichste und kritischste Leserin war und mich bei der Zusammenstellung der Endfassung vorbildlich unterstützt hat. Vielen Dank, Daniela, das war große Klasse! Kara Pientka, meine engste Freundin, Kollegin und COO der der Dr. Bock Coaching Akademie, war wie immer die wichtigste fachliche Sparring-Partnerin. Liebe Kara, ich freue mich auf alles Weitere! Ilona Blatt hat mir als meine Büromanagerin über die Zeit des Schreibens den Rücken frei gehalten. Vielen Dank, Ilona, ohne Dich wäre das nicht gelungen. Während der Wochen der Abgabe Manuskripts hat Sandra Günner meine persönliche Assistenz übernommen. Vielen Dank, liebe Frau Günner, dass Sie mit mir eine neue Dimension in meiner beruflichen Lebensqualität einleiten. Die Zusammenarbeit mit dem Illustrator Christoph J. Kellner war eine große Inspiration und Freude. Ich habe allergrößte Achtung vor Ihren Fähigkeiten, lieber Herr Kellner. Danke, dass Sie die MINDFUCKs und das kleine Monster lebendig gemacht haben. Mein Dank gilt auch den Teilnehmerinnen und Teilnehmern meiner Coaching-Ausbildungen in Berlin und der schönen Runde aus dem ersten MINDFUCK®-Seminar in der Toskana und dem zweiten Seminar im Arosa am Scharmützelsee. Danke für Ihre Offenheit, Ihr Vertrauen, Ihre Neugier, Ihr Interesse und Ihr Engagement. Ich liebe es, zum Schreiben an besonders schöne Orte zu fahren. Diesmal genoss ich vor allem die Gastfreundschaft der La Pergola Residence in Algund bei Meran. Ich bedanke mich für die liebevolle und aufmerksame Betreuung in den Tagen meines Rückzugs in den Bergen. Im Kreis meiner Kollegen und Berater bedanke ich mich bei meiner sehr verehrten und geschätzten Kollegin Sabine Asgodom und bei Siegfried Brockert. Vielen Dank, liebe Sabine, vielen Dank, lieber Siegfried, für eure rückhaltlos wertschätzende Würdigung des MINDFUCK®-Ansatzes! Ebenso möchte ich mich bei Lothar Seiwert und bei Jon Christoph Berndt bedanken. Dank für wichtige Feedbacks und persönliche Gespräche schulde ich Greta Andreas, Dagmar Döring und einer der mit Sicherheit originellsten Beraterin diesseits des Weißwurstäquators, Margit Schönberger. Von Verlagsseite wurde ich von Stefanie Hess wieder hervorragend betreut. Die herausfordernden und gleichzeitig konstruktiven Gespräche mit Margit Ketterle sind immer wieder ein Erlebnis für mich. Vielen Dank an Sie beide, stellvertretend für so viele engagierte Menschen, mit denen ich bei Droemer Knaur arbeiten darf. Mein Dank gilt darüber hinaus all denen, die nicht nur beruflich, sondern auch privat die Zeit des Denkens, Entwickelns und Schreibens mit mir geteilt haben: Madeleine Schwinge, Monika und Gerhard Bock, Edith Forster und Ulrich Michel, Doris Kolesch, Annette Jael Lehmann, Eva& Adele sowie den wunderbaren Damen vom Art Lovers Club in Berlin. Vielen Dank für alles: fürs da sein, fürs Reden, fürs Spazierengehen, gemeinsam kochen, Kunst genießen und so vieles mehr.

Dieses Buch ist meiner Mutter gewidmet. Sie hat sich zu Recht beschwert, dass ich das erste MINDFUCK-Buch nur meinem Vater gewidmet habe. Schließlich ist sie die »Mutter meiner MINDFUCKs« und hat sich nach der Lektüre meines ersten Buches selbst in geradezu unglaublicher Weise von vielen eigenen MINDFUCKs befreit. Danke Mama. Für alles.

Über die Autorin

© Constanze Wild

Dr. Petra Bock, Rednerin, Autorin und Managementberaterin, ist eine der bedeutendsten Coachs in Deutschland. Sie gehört zu den Vordenkerinnen einer neuen Generation, für die Erfolg und Leistung untrennbar mit Sinn, Werten und Lebensqualität verbunden sind. Ihr Buch *MINDFUCK. Warum wir uns selbst sabotieren und was wir dagegen tun können* wurde mehrfach preisgekrönt und von Lesern wie Experten begeistert besprochen. Sie selbst wurde 2012 mit dem Coaching Award in der höchsten Kategorie für »besondere Leistungen und Verdienste im Coaching« ausgezeichnet. Dr. Petra Bock ist Founding Fellow des Institute of Coaching Professional Association in Boston (USA)und hat eine Gastdozentur für persönliche Erfolgsstrategien an der Freien Universität Berlin.

Die 1970 geborene promovierte Politikwissenschaftlerin hat in den 1990er Jahren an der Universität die politischen Systemwechsel des vergangenen Jahrhunderts erforscht. Als Spezialistin für Veränderungsprozesse wurde sie in die Wirtschaft abgeworben, um Change-Prozesse in großen Unternehmen zu begleiten und Manager zu beraten. Im Laufe ihrer Arbeit interessierte sie sich immer mehr für die persönlich-menschliche Dimension von Veränderungsprozessen und konzentrierte sich auf das Coaching von Einzelnen und Führungsteams. Ihr

Hauptinteresse blieb bestehen: Wie gelingt es, Blockaden zu überwinden und einen Wandel zum Besseren zu erzielen? Wie gelingt es, Möglichkeiten wahrzunehmen, gute Entscheidungen zu treffen und sich nachhaltig weiterzuentwickeln?

Auch persönlich hat Petra Bock mit diesen Themen ihre Erfahrungen gemacht. Aus falsch verstandenem Leistungsdruck erlebte sie bereits mit 29 Jahren eine für sie entscheidende persönliche Krise. Ein doppelter Bandscheibenvorfall zwang sie dazu, ihre Arbeit für Monate aufzugeben und neu über ihr Leben nachzudenken. Seitdem widmet sie ihre Arbeit der Frage, wie man seine Ziele erreichen kann, ohne sich zu verbrennen, und gleichzeitig ein sinnvolles und nachhaltig erfüllendes Leben führen kann. Über diese Themen hat sie bereits mehrere erfolgreiche Bücher wie *Die Kunst, seine Berufung zu finden, Nimm das Geld und freu dich dran. Wie Sie ein gutes Verhältnis zu Geld bekommen* oder *100 Fragen Ihr Leben betreffend* geschrieben.

2008 gründete Petra Bock die Dr. Bock Coaching Akademie, die mittlerweile zu den ersten Adressen für Coaching-Ausbildungen im deutschsprachigen Raum gehört. Die Akademie widmet sich der Aufgabe, Coaching im Sinne einer Verbindung von Leistungsfähigkeit, Lebensqualität und Potenzialentfaltung zu vermitteln und weiterzuentwickeln.

Petra Bock

MINDFUCK

Warum wir uns selbst sabotieren und was wir dagegen tun können

Wir werden täglich zum Opfer von Mindfuck: wenn wir versuchen, es anderen recht zu machen, und darüber unsere eigenen Bedürfnisse vergessen. Wenn wir uns selbst kritisieren und abwerten. Wenn wir uns an starre Regeln halten, anstatt selbstbewusst unseren Weg zu gehen. Wenn wir dauerhaft unter unseren Möglichkeiten bleiben.
Petra Bock ist eine der erfolgreichsten Coachs in Deutschland und hat das Phänomen der mentalen Selbstsabotage analysiert. Sie erklärt, welche Denkmuster Mindfuck erzeugen, woher sie kommen und wie wir sie überwinden – um endlich unser wahres Potenzial auszuschöpfen und unser Leben zu verbessern.

»Unterhaltsam, motivierend und wissenschaftlich fundiert
mit Blick auf den Arbeitsmarkt der Zukunft,
fordert das Buch dazu auf, alte Denkmuster zu überprüfen
und über Bord zu werfen.«
Der Tagesspiegel

KNAUR